股票投资技术分析

（第三版）

刘德红◎著

 经济管理出版社
ECONOMY & MANAGEMENT PUBLISHING HOUSE

图书在版编目（CIP）数据

股票投资技术分析/刘德红著 . —3 版 . —北京：经济管理出版社，2015.4
ISBN 978-7-5096-3579-7

Ⅰ.①股… Ⅱ.①刘… Ⅲ.①股票投资-投资分析 Ⅳ.①F830.91

中国版本图书馆 CIP 数据核字（2014）第 312578 号

组稿编辑：郭丽娟　王　琼
责任编辑：王　琼
责任印制：黄章平
责任校对：张　青

出版发行：经济管理出版社
　　　　　（北京市海淀区北蜂窝 8 号中雅大厦 A 座 11 层　100038）
网　　址：www.E-mp.com.cn
电　　话：(010) 51915602
印　　刷：保定金石印刷有限公司
经　　销：新华书店
开　　本：720mm×1000mm/16
印　　张：15
字　　数：293 千字
版　　次：2015 年 4 月第 3 版　2015 年 4 月第 1 次印刷
书　　号：ISBN 978-7-5096-3579-7
定　　价：48.00 元

第3版序言

当前国家正在大力发展资本市场和加快经济结构转型，2014年7月上证指数走出低迷，特别是在2014年11月22日时隔2年中国人民银行首次降低存贷款利息，加速上证指数的上涨，股市逐步转向牛市。如何把握机会，增加财富，股票投资是一项充满智慧和富有挑战性的活动。投资是为了获利，但在有风险的股票市场中首要的任务却不是获利，而是学会生存。市场中永远有获利机会，但只有还存在于市场中的人，才有获利的可能。在市场中要想长期生存下去，首先要保存实力，而保存实力的最好办法是加强基本功训练，提高生存能力，这就需要不断学习。

《股票投资技术分析》自2004年2月与2009年1月出版第1版和第2版以来，受到了广大读者的好评，被许多大学选为教材，并多次印刷。有些读者来电来函，对我们进行鼓励并提出建议。在此，我们深表谢意。

本书对第2版总体框架进行了调整和修改，由原来的12章增加到14章，增加了第二章我国股票市场现状分析和第十四章技术分析在我国股市的运用；对其他章节的部分内容也进行了修改。在第3版修订的过程中，李昕远和白光做了大量的工作。我们将利用《股票投资技术分析》再版的机会，更新并充实内容，修正原书中存在的问题，完善结构，使此书的整体水平进一步提高。

刘德红

2014年11月

目 录

第一章　股票投资基础知识

第一节　投资股票要做哪些准备

有一句熟语："你不理财，财不理你。"而股票是现代生活中非常流行的理财工具。关注股票也就是关注未来，股票投资折射了许多人生哲理。如果你将投资股票，一定要在事前做好充分的准备，"工欲善其事，必先利其器"。科学、正确的学习方法像是一座灯塔，指引投资者穿越重重的股海迷雾，驶向成功的彼岸。

一、资金准备

资金是投资股票的前提条件。没有钱自然谈不上进入股市，但要多少钱才能到股市上"潇洒走一回"呢？

每个人的经济收入和承受能力不同，投入股市的资金也就不一样。对于普通投资者来说，最好是自己家中一段时间闲置不用的财产，可以占到存款的1/3~1/2，大部分的资金以存入银行或购买国债（风险较低）为宜。这样才不至于在万一失误时造成重大损失，以致在需要用钱时拿不出来。切记，孤注一掷地将资金全部投入甚至借钱炒股是最危险的。

开始时投入几千元或几万元熟悉市场，万一赔掉也不会过于痛苦，积累到一定经验和知识后逐渐增加投入。

二、知识和资料的准备

进入股市之前最好对股市有些初步的了解。可以先阅读一些书籍，掌握一些基本用语，逐渐做到能看懂报纸、杂志，听懂广播，上网浏览有关股市信息。

没有时间经常出入股市的人,可以把手机开通带有股市行情和委托功能,用它随时可以了解股市的行情,进行委托买卖。

电脑和宽带进入家庭,坐在家里炒股也变得非常容易。只要在电脑中装上各证券公司的股票分析软件和网上委托软件,就可以随时接收股票行情和进行买卖了。

三、确定投资方式

股票投资可分为长期、中期、短期。

从一般炒股的意义上来说,我们可以把长期定为半年、一年或更长一些时间,中期定为几周至几个月,短期则看情况灵活而定,也许几天、也许稍长一些时间。然后根据你本人的时间、精力、意愿等来决定采取哪种方式。

图 1-1 为股票软件上股票委托示意图:

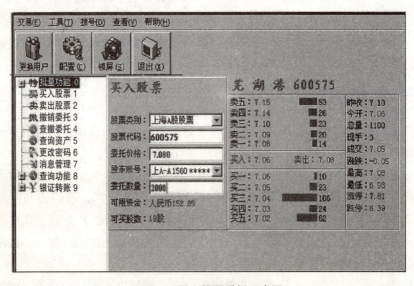

图 1-1　网上股票委托示意图

第二节 股票投资常用技术分析图形

1. 上证（或深成）领先

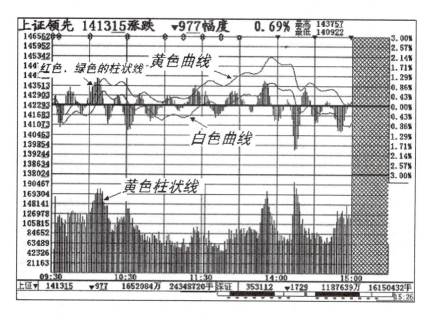

图 1-2 上证领先

白色曲线表示上海证券交易所对外公布的通常意义上的大盘指数，也就是按个股总股本进行加权计算得出的大盘指数。

黄色曲线不考虑上市股票发行数量的多少，将所有股票对上证指数的影响等同对待，不含加权计算的大盘指数。

参考白色曲线和黄色曲线的相对位置关系，可以得到以下信息：当指数上涨，黄色曲线在白色曲线走势之上时，表示发行数量少（盘小）的股票涨幅较大；而当黄色曲线在白色曲线走势之下时，则表示发行数量多（盘大）的股票涨幅较大。当指数下跌时，如果黄色曲线仍然在白色曲线之上，则表示小盘股的跌幅小于大盘股的跌幅；如果白色曲线反居黄色曲线之上，则说明小盘股的跌幅大于大盘股的跌幅。

红色、绿色的柱状线反映当前市场即时所有股票的买盘与卖盘的数量对比情况。红柱增长，表示买盘大于卖盘，指数将逐渐上涨；红柱缩短，表示卖盘大于买盘，指数将逐渐下跌；绿柱增长，指数下跌量增加；绿柱缩短，指数下跌量减小。

画面下方的黄色柱状线表示市场中每分钟的成交量，单位为手（100 股/手）。

2. 分时走势图

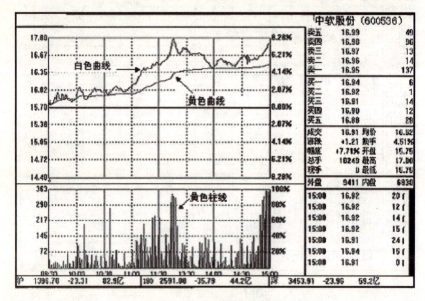

图 1-3　个股分时走势

图 1-3 中，白色曲线表示该种股票的分时成交价格，黄色曲线表示该种股票的平均价格，画面下方黄色柱线表示每分钟的成交量，单位为手（100 股/手）。

比照在 K 线走势画面中均线指标对于股价的作用，我们也可以发现，在个股分时走势图中均价线亦有相类似的作用。

如股价在迅速拉升后，回调会在相应的均价线附近得到支撑，对于我们来说有时就是一个介入强势个股的买入机会。

3. 均价

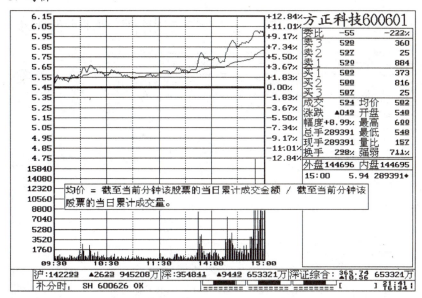

图 1-4　均价

4. 内盘/外盘

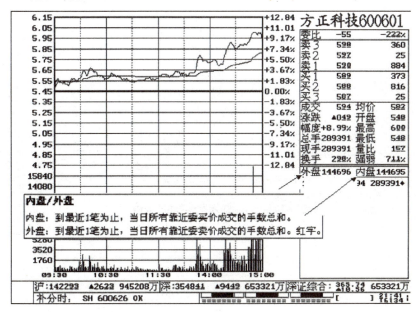

图 1-5　内盘/外盘

5. 量比

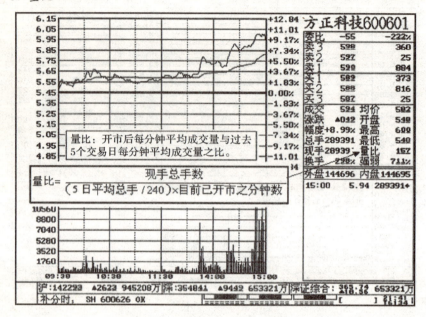

图 1-6 量比

6. 盘跌

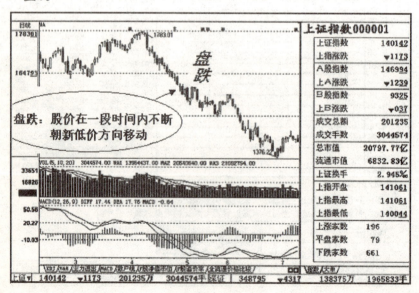

图 1-7 盘跌

7. 盘升

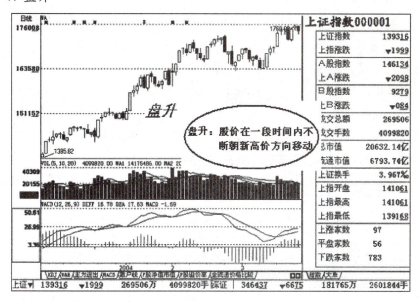

图 1-8　盘升

8. 大涨小回

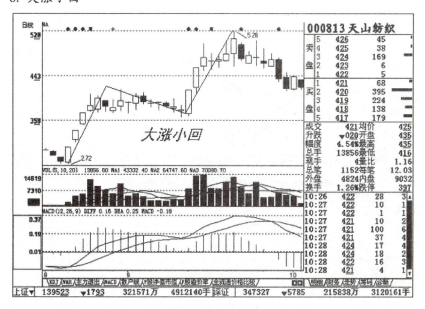

图 1-9　大涨小回

9. 大跌小涨

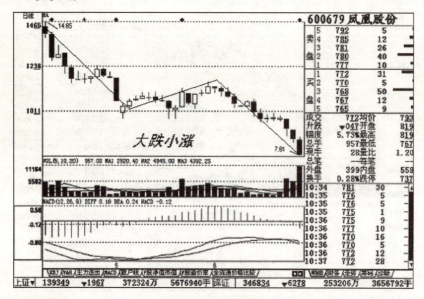

图 1-10　大跌小涨

10. 多头市场

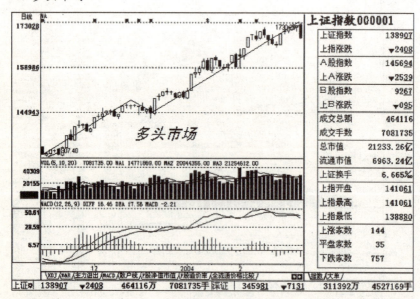

图 1-11　多头市场

11. 空头市场

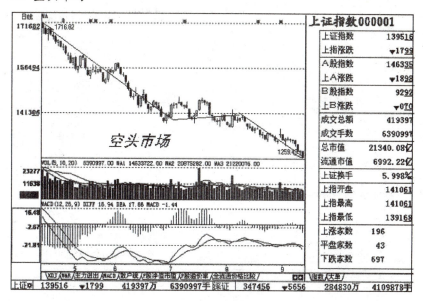

图 1-12　空头市场

12. 盘中整理

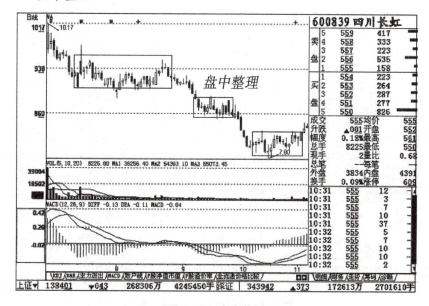

图 1-13　盘中整理

13. 股价由上升转为下降

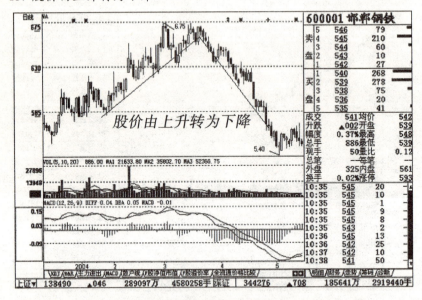

图 1-14　股价由上升转为下降

14. 股价由下降转为上升

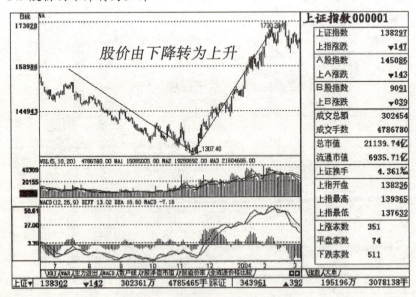

图 1-15　股价由下降转为上升

15. 压力线

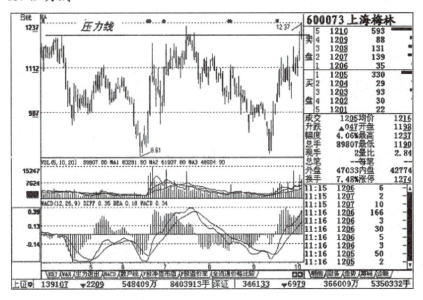

图 1-16 压力线

16. 支撑线

图 1-17 支撑线

17. 向上突破

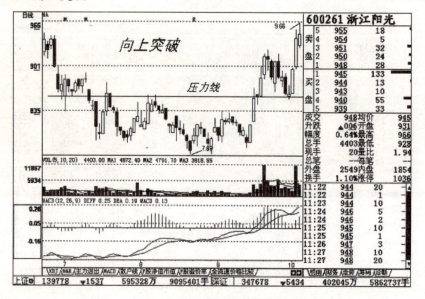

图 1-18　向上突破

18. 向下突破

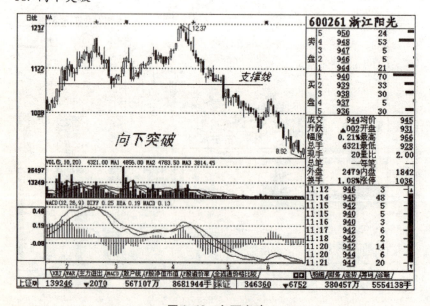

图 1-19　向下突破

19. 底部

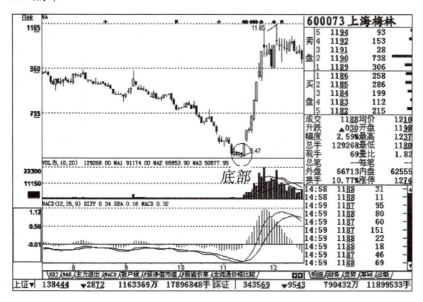

图 1-20 底部

20. 探底

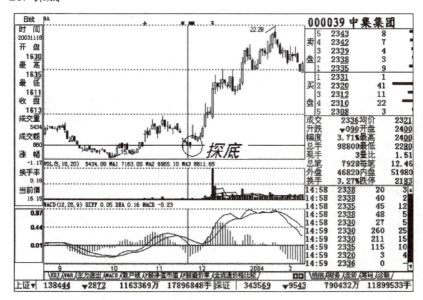

图 1-21 探底

21. 打底

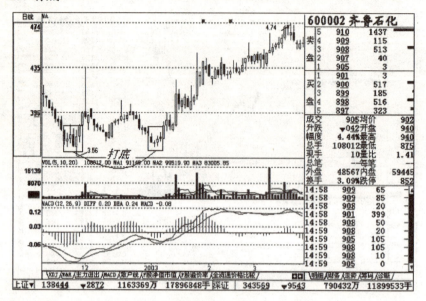

图 1-22　打底

22. 头部

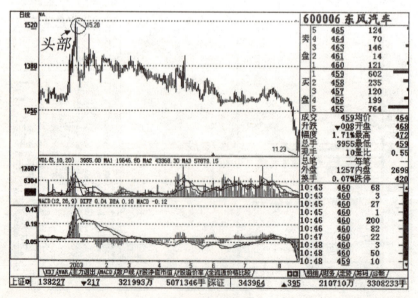

图 1-23　头部

23. 做头

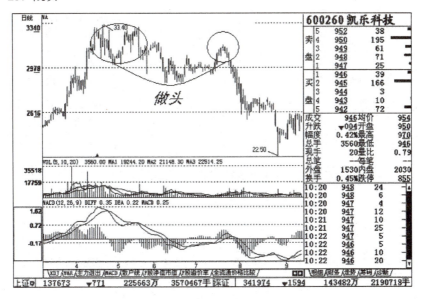

图 1-24 做头

24. 向上跳空

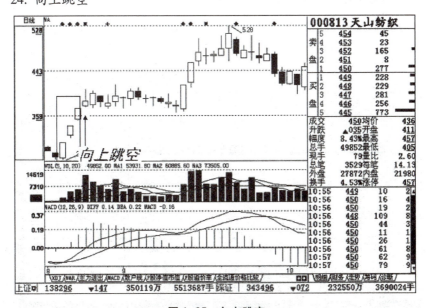

图 1-25 向上跳空

25. 向下跳空

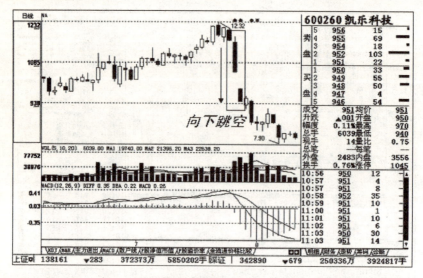

图 1-26　向下跳空

➡️ **思考题**

（1）投资股票要做哪些准备？

（2）指出下图白色曲线、黄色曲线和黄色柱线表示什么？图中白色曲线和黄色曲线的作用和意义是什么？

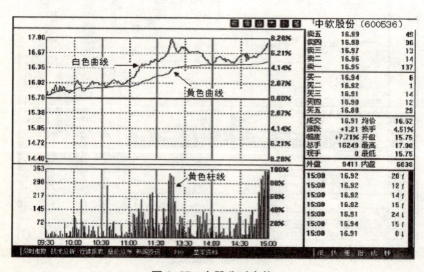

图 1-27　个股分时走势

（3）指出下图白色曲线，黄色曲线，红色、绿色的柱状线和黄色柱状线表示什么？图中白色曲线和黄色曲线的作用和意义是什么？

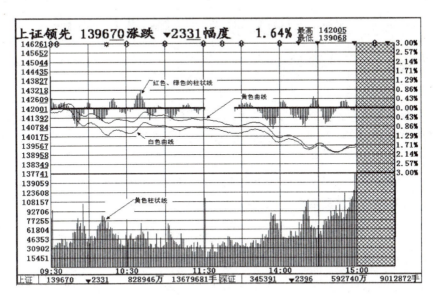

图 1-28 上证领先

第二章　我国股票市场现状分析

中国登记结算公司发布的数据显示，2014 年 1~7 月，沪深两市过亿资产账户共增加 1128 户，A 股迎来久违的连升行情，各类机构投资者普遍看好股市行情，跑步入场，出现了基金稳步加仓、外资持续流入、社保资金、保险资金入场的局面。对散户而言，了解并把握我国股票市场的发展和变化是十分必要的，本章将对现阶段我国股票市场进行分析。

第一节　我国股票市场的多层次性

2003 年中央首次提出建立多层次资本市场，2013 年股份转让系统正式挂牌上市，我国多层次股票市场的体系初步建立起来。目前我国股票市场可分为场内市场和场外市场，其中场内市场可进一步划分为主板市场和二板市场，场外市场又由不同类型的三板市场组成。

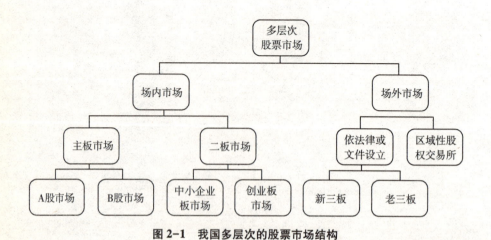

图 2-1　我国多层次的股票市场结构

一、主板市场

主板市场位于整个股票市场的"金字塔"顶端，以上海证券交易所和深圳证券交易所为中心，主要服务于大型的、成熟的企业，融资环境良好。除沪深两市本身的竞争机制外，主板市场还被人为地分成 A 股和 B 股两个市场，A 股市场主要供国内投资者以人民币进行交易，是我国股票市场的主体部分。而 B 股以人民币标值，供外国投资者以外币认购和买卖。需要注意的是，一方面 2000 年之后没有发行新的 B 股；另一方面我国股票市场国际化程度不断增强，B 股退出历史舞台只是时间问题。

二、二板市场

二板市场由中小企业板市场和创业板市场组成。2004 年，中国证券监督管理委员会（以下简称证监会）根据"现行法律法规不变，发行上市标准不变，运行独立，监察独立，代码独立，指数独立"（以下简称"两个不变，四个独立"）的要求，启动中小企业板市场。2009 年，为了解决高科技、高成长的中小型公司和新兴公司融资困难的问题，证监会增设创业板市场。但目前看来，二板市场的发展状况并不理想，一方面，我国中小企业数量众多，而中小板市场容量十分有限，审核制下中小企业融资难的问题仍然突出；另一方面，创业板的"三高"（高股价、高市盈率、高募资）现象严重，尚不完善的准入和退出机制暗含风险。

三、三板市场

2005 年修订的《证券法》，确立了我国股市公开发行的制度，解决了非上市公众公司和非公众公司的股票规范问题。所谓非上市公众公司，指的是公开发行股票，但不在证交所交易，或非公开募集，同时股东超过 200 人的股份有限公司。非公众公司，顾名思义，指股份不按公众公司方式发行。显然两类公司无法参与股票市场的场内交易，于是必须开辟适应其交易的场外市场。

根据是否直接依据《证券法》设立、是否由证监会直接监管，可以将场外交易市场分为三类：

1. 直接依据《证券法》设立，并由证监会监管的场外交易市场

股份转让系统属于此类场外交易市场，也被称为"新三板"市场。它是在北京中关村科技园区非上市公司股份报价转让系统的基础上建立起来的，运

作方式是买卖双方通过向主券商报价进行自主交易。2012 年该系统新增上海新江、武汉东湖、天津滨海等高新区作为试点，2013 年 1 月正式成为全国性系统。

2. 间接依据《证券法》、依据国务院文件指导设立，由证监会以外的机构监管的场外交易市场

天津股权交易所和滨海国际股权交易所是这类场外交易市场的典型代表，两家交易所均成立于 2008 年，相互独立。天津股权交易所采用公司制的运营模式，主要为"两高两非"（高新区、高新技术企业，非上市、非公众公司）提供高效、规范的交易场所。滨海国际股权交易所面向全国的股份公司和有限公司，从事专业的企业股权投融资信息交易服务。

3. 不依《证券法》设立，由"证监会主导，地方政府承办"的场外交易市场

上海、天津、成都、西安、郑州和武汉等多个市的地方政府承办了一批区域性股权交易所。目前，区域性股权交易所大多围绕地方金融展开，立足地区实际，充分利用市场资源优势，促进本地区中小企业发展。

第二节　我国股票市场的退市制度

2014 年 10 月 17 日，中国证监会正式发布了《关于改革完善并严格实施上市公司退市制度的若干意见》（以下简称《退市意见》），自发布之日起 30 日后生效。《退市意见》是贯彻落实《证券法》关于股票退市的有关规定及《国务院关于进一步促进资本市场健康发展的若干意见》（国发〔2014〕17号）关于改革完善上市公司退市制度有关要求的具体举措，对于进一步健全完善资本市场基础功能，实现上市公司退市的市场化、法治化和常态化具有重要意义。健全完善的退市制度，有利于实现优胜劣汰，提高市场有效性；有利于上市公司主动确定和实施发展战略，提升公司质量，增强市场竞争力和活力；有利于培育理性投资的股权文化，保护投资者的合法权益。主动退市制度的提出和完善是我国股票市场日渐成熟的标志。

表2-1 上市公司退市情形一览

序号	主动退市
1	上市公司在履行必要的决策程序后，主动向证券交易所提出申请，撤回其股票在该交易所的交易，并决定不再在交易所交易
2	上市公司在履行必要的决策程序后，主动向证券交易所提出申请，撤回其股票在该交易所的交易，并转而申请在其他交易场所交易或转让
3	上市公司向所有股东发出回购全部股份或者部分股份的要约，导致公司股本总额、股权分布等发生变化不再具备上市条件，其股票按照证券交易所规则退出市场交易
4	上市公司股东向所有其他股东发出收购全部股份或者部分股份的要约，导致公司股本总额、股权分布等发生变化不再具备上市条件，其股票按照证券交易所规则退出市场交易
5	除上市公司股东外的其他收购人向所有股东发出收购全部股份或者部分股份的要约，导致公司股本总额、股权分布等发生变化不再具备上市条件，其股票按照证券交易所规则退出市场交易
6	上市公司因新设合并或者吸收合并，不再具有独立主体资格并被注销，其股票按照证券交易所规则退出市场交易
7	上市公司股东大会决议解散，其股票按照证券交易所规则退出市场交易
	强制退市
8	上市公司因首次公开发行股票申请或者披露文件存在虚假记载、误导性陈述或者重大遗漏，致使不符合发行条件的发行人骗取了发行核准，或者对新股发行定价产生了实质性影响，受到证监会行政处罚被暂停上市后，在证监会做出行政处罚决定之日起一年内，被证券交易所做出终止公司股票上市交易的决定
9	上市公司因首次公开发行股票申请或者披露文件存在虚假记载、误导性陈述或者重大遗漏，致使不符合发行条件的发行人骗取了发行核准，或者对新股发行定价产生了实质性影响，涉嫌欺诈发行罪被依法移送公安机关而暂停上市，在证监会做出移送决定之日起一年内，被证券交易所做出终止公司股票上市交易的决定
10	上市公司因信息披露文件存在虚假记载、误导性陈述或者重大遗漏，受到证监会行政处罚，并在行政处罚决定书中被认定构成重大违法行为而暂停上市，在证监会做出行政处罚决定之日起一年内，被证券交易所依据其股票上市规则做出终止公司股票上市交易的决定
11	上市公司因信息披露文件存在虚假记载、误导性陈述或者重大遗漏，涉嫌违规披露、不披露重要信息罪被依法移送公安机关而暂停上市，在证监会做出移送决定之日起一年内，被证券交易所依据其股票上市规则做出终止公司股票上市交易的决定
12	上市公司股本总额发生变化不再具备上市条件，且在证券交易所规定的期限内仍不能达到上市条件

续表

序号	强制退市
13	上市公司社会公众持股比例不足公司股份总数的25%，或者公司股本总额超过4亿元，社会公众持股比例不足公司股份总数的10%，且在证券交易所规定的期限内仍不能达到上市条件
14	上市公司股票在一定期限内累计成交量低于证券交易所规定的最低限额
15	上市公司股票连续20个交易日（不含停牌交易日）每日股票收盘价均低于股票面值
16	上市公司因净利润、净资产、营业收入、审计意见类型或者追溯重述后的净利润、净资产、营业收入等触及规定标准，其股票被暂停上市后，公司披露的最近一个会计年度经审计的财务会计报告显示扣除非经常性损益前、后的净利润孰低者为负值
17	上市公司因净利润、净资产、营业收入、审计意见类型或者追溯重述后的净利润、净资产、营业收入等触及规定标准，其股票被暂停上市后，公司披露的最近一个会计年度经审计的财务会计报告显示期末净资产为负值
18	上市公司因净利润、净资产、营业收入、审计意见类型或者追溯重述后的净利润、净资产、营业收入等触及规定标准，其股票被暂停上市后，公司披露的最近一个会计年度经审计的财务会计报告显示营业收入低于证券交易所规定数额
19	上市公司因净利润、净资产、营业收入、审计意见类型或者追溯重述后的净利润、净资产、营业收入等触及规定标准，其股票被暂停上市后，公司披露的最近一个会计年度经审计的财务会计报告被会计师事务所出具否定意见、无法表示意见或者保留意见
20	上市公司在证券交易所规定期限内，未改正财务会计报告中的重大差错或者虚假记载
21	法定期限届满后，上市公司在证券交易所规定的期限内，依然未能披露年度报告或者半年度报告
22	上市公司因净利润、净资产、营业收入、审计意见类型或者追溯重述后的净利润、净资产、营业收入等触及规定标准，其股票被暂停上市，不能在法定期限内披露最近一个会计年度的年度报告
23	上市公司股票被暂停上市后在规定期限内未提出恢复上市申请
24	上市公司股票被暂停上市后其向交易所提交的恢复上市申请材料不全且逾期未补充
25	上市公司股票被暂停上市后其恢复上市申请未获证券交易所同意
26	上市公司被法院宣告破产
27	证券交易所规定的其他情形

第三节　我国股票市场日趋国际化

为了更好地学习国外成熟股票市场的先进经验，同时满足境内外投资者的投资需要，我国股票市场的国际化进程持续推进，其中以确定即将实施的"沪港通"和可能紧随其后的"深港通"最为典型。

一、沪港通

"沪港通"就是沪港股票市场交易互联互通机制，北上有"沪股通"——境外投资人可以买卖上海交易所（以下简称"上交所"）固定范围内的股票，南下有"港股通"——内地投资者买卖香港上市的规定范围之内的股票。

"沪港通"的前身是 2007 年提出的"港股直通车"计划。中央提出"港股直通车"的第二天，内地投资者便大量涌入查询和开户，一时间局面混乱，央行因此担心内地投资者风险教育不足，适逢全球金融危机爆发，"港股直通车"计划就此流产。2014 年 4 月 10 日沪港两地交易所发布联合公告称，"沪港通"的正式启动还需要 6 个月的准备时间。9 月 4 日，上交所、中国结算、港交所、香港结算签订四方协议，"沪港通"启动"板上钉钉"。10 月初，港交所行政总裁李小加表示"沪港通"已准备就绪。中国证券监督管理委员会、香港证券及期货事务监察委员会决定批准上海证券交易所、香港联合交易所有限公司、中国证券登记结算有限责任公司、香港中央结算有限公司正式启动沪港股票交易互联互通机制试点。沪港通下的股票交易于 2014 年 11 月 17 日开始。

财政部、国税总局、证监会 2014 年 11 月 14 日联合下发《关于沪港股票市场交易互联互通机制试点有关税收政策的通知》和《关于 QFII 和 RQFII 取得中国境内的股票等权益性投资资产转让所得暂免征收企业所得税问题的通知》，对沪港通试点涉及的所得税、营业税和证券（股票）交易印花税等税收政策以及 QFII、RQFII 所得税政策问题予以明确。

按照沪港通税收新政，内地个人通过沪港通投资港股的转让差价所得，自 2014 年 11 月 17 日起至 2017 年 11 月 16 日止，暂免征收个人所得税；企业通过沪港通投资港股转让价差所得依法征收企业所得税。

投资者买卖港股通股票的交易时间具体按联交所规定执行。在联交所，交易日的9:00~9:30为开市前时段（集合竞价），但港股通投资者则仅可以在9:00~9:15通过竞价限价盘申报；交易日的9:30~12:00以及13:00~16:00为持续交易时段（连续竞价），港股通投资者仅能通过增强限价盘申报。港股通投资者的撤单时间包括三个时间段，分别为9:00~9:15、9:30~12:00、12:30~16:00。

表2-2　"沪港通"交易时间

开市前时段： 上午 9:00~9:30	输入买卖盘时段：9:00~9:15 港股通投资者可通过竞价限价盘申报，并且其间仅能撤销订单而不可以修改订单
持续交易时段： 上午：9:30~12:00 下午：13:00~16:00	港股通投资者可通过增强限价盘在该时段申报或撤销申报，但不得修改订单
	港股通投资者可在12:30~13:00撤销上午未成交的申报

随着"沪港通"的路径逐渐明朗，其运作流程、投资门槛及选股范围、交易规则及假日安排、投资热点等得到广泛关注，笔者简单盘点如下：

1. "沪港通"的运作流程

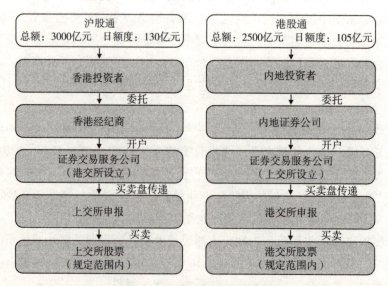

图2-2　"沪港通"的运作流程

2. "沪港通"的投资门槛及选股范围

表 2-3　"沪港通"的投资门槛及选股范围

项目	沪股通	港股通
投资门槛	无	机构投资者
		个人投资者 （证券账户和资金账户总余额不低于 50 万元人民币）
选股范围	上证 180 指数成分股	恒生大型综合股指数成分股
	上证 380 指数成分股	恒生中型综合股指数成分股
	A+H 股	A+H 股

3. "沪港通"的交易规则及假日安排

表 2-4　"沪港通"的交易方式和交易品种

项目	A 股	港股
交易方式	T+1	T+0
	10% 的涨跌幅停牌限制	无涨跌幅限制
交易品种	股票	股票
		对冲基金
	基金	恒生期货、期权

表 2-5　"沪港通"的假日安排

	内地	香港	"沪港通"是否开放	
第一天	营业日	营业日	开放	
第二天	营业日	营业日	不开放	款项交收日 香港不开市
第三天	营业日	假日	不开放	香港不开市
第四天	假日	营业日	不开放	内地不开市

4. "沪港通"的投资热点

表 2-6　"沪港通"的投资热点

沪　市	港　市
稀有股：医药股、军工股、农业股	特色股、博彩股：银河娱乐、澳博控股、永利澳门、金沙中国有限公司、澳门励骏、美高梅中国等
沪市低估值加单个市场股：山东高速、浦发银行、兴业银行、白云机场、北京城建等	无 A 股上市的恒生综合大中型指数成分股：长江实业、腾讯、金山软件、银河娱乐等
A 股股价较 H 股股价有折价：海螺水泥、中国平安、中国铁建、宁沪高速、中国太保、中国人寿、中国神华、中信证券、中国中铁等	
A 股股价较 H 股股价有溢价：洛阳玻璃、南京熊猫、重庆钢铁、昆明机床等	

　　受到机构投资者和合格的境外机构投资者（QFII）看好蓝筹股、跑步进场的鼓励，内地的中小投资者也在焦急地等待着"沪港通"正式实行之日的到来。但是不论何时，对投资者而言，风险意识都是不可或缺的。准备在"港股通"上"大展拳脚"的内地投资者需要注意以下几点：

　　首先，香港采取"T+0"的交易方式，股民当天买进的股票当天就可卖出。同时，港股没有涨跌停制度，股票价格可能出现大起大落，甚至极端情况。习惯观望的内地投资者要及时调整投资策略和心态，尽快适应快节奏、"过山车式"的股票交易。

　　其次，港股市场上交易品种多样，不仅包括股票和对冲基金，还包括恒生期货和期权。港股市场虽然为投资者配备了相关的产品说明书，但繁体文法对习惯使用简体文法的内地投资者而言也是一项不小的挑战。内地投资者在进入港市之前必须仔细学习港股不同产品的知识，才能在入市后尽可能识别和控制投资风险。

　　再次，香港股市不提供免费的即时信息，等待财经网站和交易软件免费总结港股行情，又容易错过最新的行情信息。习惯查看免费股市资讯的内地交易者，不得不权衡获取港股信息的成本。

　　最后，香港股市和 A 股市场报价屏幕显示颜色相反，香港股市股票上涨时，报价屏幕显示的颜色是绿色，下跌时才显示红色，所以内地股民还得从习惯上和心理上解除"越红越开心"的条件反射。

二、深港通

尽管业内乐观估计"深港通"可以接过"沪港通"的"接力棒",继续向国际化迈进,但现实是"深港通"至今"只打雷不下雨"。其实,"深港通"试点的优势十分明显,一方面,深港比邻而居,地理位置的接近使得双方的联系更为紧密,对彼此的了解和认识也更为深入;另一方面,深圳市场与香港市场的股票构成相似度极高——在深圳市场上,中小板和创业板占据重要席位,而香港股市本质上以小公司为主。然而,"深港通"难以成行的最主要原因恰恰在此:深港两市股票估值差异较大,目前深圳市场上创业板和中小板的整体市盈率分别达到 60 倍和 27 倍;而港交所上市的股票中,主板和创业板的平均市盈率分别为 11.24 倍和 49 倍。一旦"深港通"连通,深圳市场 A 股则面临巨大压力,可能导致创业板市场股票泡沫一夕之间破灭。

第四节 我国股票市场的最新动态

结合我国股票市场发展动态,笔者认为"新三板"市场和优先股尤其值得关注。

一、新三板

"新三板"市场因为挂牌企业均为高科技企业,有别于"老三板"转让系统内的退市企业及 STAQ、NET 系统挂牌公司而得名。2012 年 9 月正式注册成立,是继上海证券交易所、深圳证券交易所之后第三家全国性证券交易场所,主要以中小型企业为服务对象。

"新三板"与"老三板"最大的不同是配对成交,设置 30%幅度,超过此幅度要公开买卖双方信息。此外,"新三板"挂牌条件高于"老三板",但远低于主板,不设置财务门槛。"新三板"之于我国多层次的股票市场的意义在于,为"转板"提供可能,同时可以充当拟上市公司的"练兵场",做主板市场的"预备板"。

需要注意的是,"新三板"主要为企业发展、资本投入与退出服务,并不以交易为主要目的,这也决定了它以机构投资者为主的投资结构和投资门槛高的准入限制。"新三板"要求个人投资者需要有两年以上的证券投资经验,或具有会计、金融、投资、财经等相关专业背景，并且要求投资者本人名下前一交易日日终证券类资产市值在 300 万元人民币以上。

"新三板"还提出股票转让可以采取"做市方式、竞价方式或其他中国证监会批准的转让方式"。2014 年 8 月 25 日，"新三板"正式采用做市转让方式，43 家挂牌企业与 42 家券商成为首批吃螃蟹的人。"新三板"资本圈企业库数据显示，首批 43 家挂牌公司平均净利润 2034.23 万元，较挂牌公司均值高出 154%，相关概念股也闻风而动，交易活跃度大大提升。"新三板"采取做市转让方式对投资者有三点益处：其一，做市商的介入使"新三板"股票的市场流动性明显提高，多个做市商提供竞争性报价和推介活动，也为投资者进行投资决策提供了更充分和可靠的信息；其二，做市商连续性的报价和有限制的价差幅度有利于维护市场的稳定，同样减小了投资者的风险；其三，做市商的双向报价，尤其是竞争性报价促进对挂牌公司价值的发现，使挂牌公司股票定价趋于真实价格，降低了投资者盲目投资的可能性。

总之，"新三板"在一定程度上实现了突破，但还不成熟，中小投资者必须强化风险意识，谨慎入市。

二、优先股

优先股是相对普通股而言能稳定分红的股份。不论公司经营业绩如何，优先股股东按事先约定的固定股利获得分红，如果公司破产清算，优先股股东可优先分配剩余财产。但优先股股东一般无权参与公司的经营管理，对不涉及优先股、股东利益的公司事务没有表决权。

2014 年 3 月 21 日，证监会正式发布优先股试点管理办法，提出上市公司和非上市公司都可以发行优先股。有三类情形上市公司可以发行优先股：第一类，普通股为上证 50 指数成分股；第二类，以公开发行优先股作为支付手段，收购或吸收合并其他上市公司；第三类，以减少注册资本为目的回购普通股的，可以公开发行优先股作为支付手段，或回购后再发行。

优先股试点对我国股票市场的三个"有利于"是：其一，有利于正面刺激大盘蓝筹股；其二，有利于市场容量扩充；其三，有利于满足低风险投资者的需求。优先股试点后对以下四大板块影响巨大：

表 2-7 优先股试点可能实行的板块

板块	说　明
银行	优先股作为一种创新的资本工具，可以补充资本，同时不动摇银行的实际控制权。上市银行可通过发行优先股补充一级资本，满足监管需求——2014 年 10 月，工行、中行、农行、浦发、兴业、平安 6 家上市银行公布优先股发行预案，总规模达到 3400 亿元。未上市的城商行可先去"新三板"挂牌，然后作为非上市公众公司发行优先股，同样可以对资本金进行补充
地产	地产行业的利润率相对较高，能够负担优先股股息；同时，地产行业的负债率很高，通过债券方式融资的能力相当有限
电力	电力行业作为能源行业的一部分，需要经常性融资。但实际情况是，电力行业负债率普遍在 70%~80%，由于负债率过高，融资困难较大、成本高。但电力企业估值低、分红稳定的优点也更容易成为优先股首发试点
保险	海外经验表明，优先股可在解决保险公司融资困境的同时，为保险公司提供有效的投资手段。以美国为例，2006~2008 年，全球优先股发行数量快速上升，荷兰国际、大都会、保诚集团、荷兰保险等保险公司在发行优先股后股价都有不同程度的上升

投资者可以根据自己投资的实际需要，对银行、地产、电力、保险四大板块的优先股适当关注。但投资者必须注意，优先股并不是保本股，如果企业盈利状况不佳，优先股同样拿不到分红，所以优先股仍然存在投资风险，投资者要充分运用手中的决定权，选择业绩良好的公司发行的优先股。此外，优先股内部又有不同类别，投资者可以根据自己的风险承受能力和偏好，选择适合自己的优先股类型。风险承受能力较低的投资者可以考虑购买累计优先股，注重变现的投资者可以选择可赎回优先股，希望兼顾投资和投机的投资者可以选择可转换优先股，投资经验不丰富的投资者可以购买投资公司推出的针对优先股投资的基金、理财产品等。

三、股票期权

证监会 2015 年 1 月 9 日批准上海证券交易所开展股票期权交易试点，并发布《股票期权交易试点管理办法》及其配套规则，上证 50ETF 期权 2 月 9 日正式上线。

期权（Option），又称选择权，是指它的持有者在规定的期限内具有按交易双方商定的价格购买或出售一定数量某种金融资产的权利。金融期权（Financial Option），是指以金融商品或金融期货合约为标的物的期权交易形式。具体地说，其购买者在向出售者支付一定费用后，就获得了能在规定期限内以某一特定价格向出售者买进或卖出一定数量的某种金融商品或金融期货合约的权利。期权交易实际上是一种权利的单方面有偿让渡。期权的买方以支付一定数量的期权费为代价而拥有了这种权利，但不承担必须买进或卖出的义务；期权的卖方则在收取了一定数量的期权费后，在一定期限内必须无条件服从买方的选择并履行成交时的允诺。股票期权是指买方在交付了期权费后，即取得在合约规定的到期日或到期日以前按协议价买入或卖出一定数量相关股票的权利。

1. 根据选择权的性质划分，股票期权可以分为看涨期权和看跌期权

看涨期权（Call Option），又称买入期权或认购权，是指期权的买方具有在约定期限内按敲定价格买入一定数量金融资产的权利。投资者之所以买入看涨期权，是因为他预期这种金融资产的价格在近期内将会上涨。如果判断正确，按协议价买入该项资产并以市价卖出，可赚取市价与协议价之间的差额；如果判断失误，则损失期权费。

看跌期权（Put Option），又称卖出期权或认沽权，是指期权的买方具有在约定期限内按敲定价格卖出一定数量金融资产的权利。投资者之所以买入看跌期权，是因为他预期该项金融资产的价格在近期内将会下跌。如果判断正确，可从市场上以较低的价格买入该项金融资产，再按协议价卖出，将赚取协议价与市价的差额；如果判断失误，将损失期权费。

2. 根据合约所规定的履约时间划分，股票期权可以分为欧式期权、美式期权和修正的美式期权

欧式期权只能在期权到期日执行，美式期权则可在期权到期日或到期日之前的任何一个营业日执行，修正的美式期权也称为百慕大期权或大西洋期权，可以在期权到期日之前的一系列规定日期执行。

3. 上海证券交易所个股期权合约运作机制

上交所定期对个股期权的标的证券情况进行审核，发布合约标的名单（同时公布合约单位）。对于新增合约标的进行合约新挂。初期，标的证券新增所需新挂的合约包括认购和认沽2个类型，4个到期月份（当月、下月以及随后两个季月），5个行权价（平值1个、实值2个、虚值2个），共40个合约。

合约加挂分为到期加挂、波动加挂、调整加挂等情形。

（1）到期加挂：当月合约到期摘牌，需要挂牌新月份不同合约类型及行权价格的合约，以保证该合约品种有4个到期月份。

（2）波动加挂：合约存续期间，当与标的证券收盘价靠档价相比，实值合约或虚值合约少于2个时，需在下一交易日按行权价格间距依序增挂新行权价格合约，直至各到期月份的实值或虚值合约数不少于2个。

（3）调整加挂：当标的证券除权、除息时，除对原合约的合约单位及行权价格进行调整外，还将按照标的证券除权除息后的价格新挂合约，所需新挂的合约包括认购、认沽2个类型、4个到期月份、5个行权价，共40个合约。

（4）其他情形：除依前述情形推出不同行权价格合约外，上交所可视市场情况推出其他行权价格合约或者不予加挂新合约。

当合约标的发生分红、份额拆分合并等情况时，会对该合约标的的所有未到期合约做相应调整，以维持期权合约买卖双方的权益不变。合约调整日为合约标的除权除息日，主要调整行权价格、合约单位、合约交易代码和合约简称。合约调整时，将按照合约标的除权除息后价格进行调整加挂。调整公式如下：

调整系数＝［ETF份额拆分（合并）比例×除权（息）前一日合约品种收盘价］/（前一日标的收盘价格−现金红利）；

新合约单位＝原合约单位×调整系数；

新行权价格＝原行权价格×原合约单位/新合约单位；

除权除息日调整后的合约前结算价＝原合约前结算价×原合约单位/新合约单位。

在以下四种情况发生时，期权合约会被摘牌：一是期权合约到期自动摘牌；二是对于被调整过的期权合约，如果当日日终无持仓，则自动摘牌；三是合约标的被调出，对应的期权合约如当日日终无持仓，则自动摘牌；四是当合约品种发生终止或暂停上市，在合约标的停止交易前，交易所将所有未到期的期权合约交收日调整至终止或暂停上市前最后交易日，最后交易日、行权日也相应调整至交收日前一交易日。

对ETF认购期权，在任一交易日，同一合约品种相同到期月份的未平仓合约（含备兑开仓）所对应的合约标的总数达到或超过该合约标的上市可流通总量的75%时，除另有规定外，自次一交易日起限制该类认购期权开仓（包括卖出开仓与买入开仓），但不限制备兑开仓。当上述比例低于70%时，自次一交易日起解除该限制。个股期权合约运作机制见图2-3。

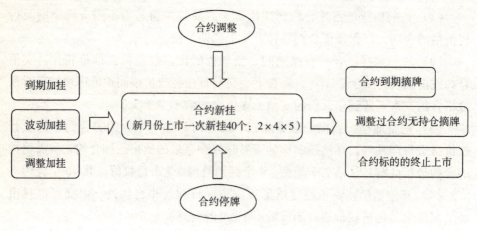

图 2-3　个股期权合约运作机制图

期权合约的交易时间为每个交易日 9:15~9:25、9:30~11:30、13:00~15:00。其中，9:15~9:25 为开盘集合竞价时间，14:57~15:00 为收盘集合竞价时间，其余时段为连续竞价时间。期权交易的申报数量为 1 张或者其整数倍，限价申报的单笔申报最大数量为 10 张，市价申报的单笔申报最大数量为 5 张。投资者参与期权交易，应当向期权经营机构申请开立衍生品合约账户（以下简称"合约账户"）和保证金账户。投资者申请开立合约账户，应当具有上海证券交易所市场证券账户，合约账户注册信息应当与证券账户注册信息一致。例如，投资者老王买了一张行权价格为 2.1 元、合约单位为 100000、10 月 26 日到期的 50ETF 认购期权，这意味着老王在 10 月 26 日当日可以以每份 2.1 元的价格买入 100000 份 50ETF。

四、股票发行注册制改革

党的十八届三中全会《决定》指出："推进股票发行注册制改革，多渠道推动股权融资。" 2013 年 11 月 19 日证监会主席肖钢表示，证监会未来将加强对信息披露的监督，从审批者变成监管者。

股票发行注册制主要是指发行人申请发行股票时，必须依法将公开的各种资料完全准确地向证券监管机构申报。证券监管机构的职责是对申报文件的全面性、准确性、真实性和及时性进行形式审查，不对发行人的资质进行实质性审核和价值判断，而将发行公司股票的良莠留给市场来决定。注册制的核心是只要证券发行人提供的材料不存在虚假、误导或者遗漏，即使该证券没有任何投资价值，证券主管机关也无权干涉，因为自愿上当被认为是投资者不可剥夺的权利。这类发行制度对市场化程度要求很高，代表是美国和日本。

我国现行的股票发行核准制阻塞了股权融资渠道，各类企业长年累月排队上市的现象屡见不鲜，这也使得我国企业融资过度依赖银行贷款等间接融资方式，制约了企业乃至实体经济的发展，亟待改革。股票发行注册制改革，能极大地提高我国资本市场的效率，降低企业进入资本市场的门槛，一方面活跃资本市场，另一方面帮助企业在资本市场获得所需要的资金，从而解决我国企业间接融资比例过高而直接融资比例过低的资本结构不合理问题，实现企业融资方式的多元化，最终推动千万企业组成的实体经济的发展。

对投资者而言，股票发行注册制改革意味着投资标的增多，可选资产组合扩大，但同时也蕴藏着因不会分析股票而亏损的风险。可以预见，实行股票发行注册制初期，会出现大量企业争相上市、股价波动很大的局面，而市场对股票进行筛选需要一定的时间，所以投资者一定要理性看待，耐心分析，切忌盲目跟风。

➲ 思考题

（1）简述我国股票市场的多层次性。

（2）简述我国股票市场的退市制度。

（3）阐述"沪港通"的主要内容。

（4）什么叫股票期权？以上证 50ETF 期权为例进行阐述。

第三章　股票投资分析概述

第一节　为什么要进行投资分析

　　股票投资分析是股市投资过程中不可或缺的一个重要组成部分，在投资过程中占有极其重要的地位。大家投资股票所追求的目标都是赚钱而不是赔钱。要想在高风险、高投机的股市获取较高的回报，只顾拉车不看路的老黄牛精神肯定行不通，有人说玩股票无异于在鳄鱼潭中求生存，不仅要有勇，还得有谋。

　　进行股票投资分析首先要学会在股市中生存下来，也就是如何规避风险。投资者选择股票，目的是获得预期投资收益，而且这种投资收益是以投资者承担相应的风险为代价的。投资者在持有股票期间，预期回报率与风险是成正比的。预期回报率越高，投资者所要承担的风险就越大；预期回报率越低，投资者所要承担的风险就越小。而每一种股票都有自己的波动规律，也就是风险—回报率特征，这种特性受各相关因素的影响，随着各相关条件的变化而变化。通过分析每一种股票的风险—报酬特征，投资者就可以确定哪些股票的风险大、哪些股票的风险小，从而可选择那些报酬高、风险小的股票，避开报酬低、风险大的股票。如果事先不进行股票分析，盲目地买入股票，就会面临非常大的风险，更谈不上分辨哪里是金矿、哪里是陷阱，想要取得投资收益也是非常难的。

　　进行股票分析是入市买卖股票的依据和前提。股市中有成千上万的投资者（俗称"股民"），有的投入股市上亿元人民币的资金，有的只投入万元左右的资金。不同的投资者由于资金拥有量和其他条件不同，会拥有不同的风险容忍度、不同的风险—报酬率态度和不同的投资持有周期；并且每一只股票的风险—报酬率特性由于受到各种相关因素的作用，并不是一成不变的。某一时期风险相对较高的股票，一段时间后，其风险可能会有所下降；而某一时期风险相对较低的证券，在一段时间以后，其风险会有所上升。股票的风险报酬率也是如此。此外，股票的风险可以通过股票的流通换手而产生转移。所以，在准备买入或打算继续持有某只股票之前，必须明确该股票在风险性、收益性、流动性和时间性方面的特点。只有这样，投资者在选股时才能找到在风险性、流动性、收益性和时间性方面同自己的要求相匹配的、合乎自身资金实力和风险偏好程度的个股及其组合。

第二节　股票投资分析的含义与演变

一、股票投资分析的含义

股票投资是指投资者（法人或自然人）购买股票及其衍生产品，以获取红利、利息及资本利得的投资行为和投资过程，是直接投资的重要形式。

股票投资分析是指人们通过各种专业性分析方法，对影响股票价值或价格的各种信息进行综合分析，以判断股票价值或价格及其变动的行为，是股票投资过程中不可或缺的一个重要环节。

股票投资分析的意义：①有利于提高投资决策的科学性。投资决策贯穿于整个投资过程，其正确与否关系到投资的成败。尽管不同投资者投资决策的方法可能不同，但科学的投资决策无疑有助于保证投资决策的正确性。进行股票投资分析有利于减少投资决策的盲目性，从而提高投资决策的科学性。②有利于正确评估股票的投资价值。投资者之所以对股票进行投资，是因为股票具有一定的投资价值。股票的投资价值受多方面因素的影响，并随着这些因素的变化而发生相应的变化。股票投资分析通过对可能影响股票投资价值的各种因素进行综合分析，来判断这些因素及其变化可能会对股票投资价值带来的影响，因此它有利于投资者正确评估股票的投资价值。③有利于降低投资者的投资风险。投资者从事证券投资是为了获得投资回报（预期收益），但这种回报是以承担相应风险为代价的。投资者通过股票投资分析来选择不同的股票组合有利于降低投资风险。④科学的股票投资分析是投资者获得投资成功的关键。股票投资的目的是股票投资净效用（收益带来的正效用减去风险带来的负效用）的最大化。因此，在风险既定的条件下追求投资收益率最大化和在收益率既定的条件下风险最小化，是股票投资的两大具体目标。股票投资分析采用了基本分析和技术分析等专业分析方法和手段，通过客观、全面和系统地分析影响股票回报率和风险等诸多因素，揭示出其作用机制以及某些规律，用于指导投资决策，从而保证在降低投资风险的同时获取较高的投资收益。

二、股票投资分析的演变

随着当代股票投资活动的快速发展，逐步形成了四大分析流派。伴随股票投资活动与现代高科技创新日益紧密的交织发展，可能还会有新的主要分析流派出现。当前证券投资界的四大主要分析流派如下：

1. 基本分析流派

基本分析流派是指以上市公司基本财务数据作为投资分析与投资决策基础的投资分析流派。这一流派的分析方法体系体现了以价值分析理论为基础，以统计方法和现值计算方法为主要分析手段的基本特征。基本分析流派认为，"股票的价值决定其价格"，"股票的价格围绕价值波动"，并围绕两类不同的价值评估模型形成了基本分析流派内部的价值学派和增长学派。

2. 技术分析流派

技术分析流派是指以价格和成交量判断为基础，以正确的投资时机的抉择为依据。回顾技术分析流派投资分析方法与投资战略的发展历史，可以看到从最早期的直觉化决策方式，到图形化决策方式，再到指标化决策方式以及正在研究开发中的智能化决策方式，技术分析流派投资分析与投资决策的演进，遵循了一条日趋定量化、日趋客观化、日趋系统化的发展道路。

3. 心理分析流派

心理分析流派是指基于市场心理分析股价，强调市场心理是影响股价的最主要因素。促成股价变动的因素，主要是市场对于未来股票市场信心的强弱。历史上著名的股票投资家，如凯恩斯、巴鲁赫、索罗斯都是市场心理分析大师。"空中楼阁理论"是心理分析流派中最重要的理论，"选美理论"也是心理分析流派的分支之一。

4. 证券组合分析流派

证券组合分析流派是指基于投资者对收益率和风险的共同偏好以及投资者的个人偏好，确定投资者的最优证券组合并进行组合管理的方法。对于传统的证券组合管理理论而言，以多元化证券组合来有效降低非系统性风险是证券组合分析的理论基础。对于现代证券组合管理理论而言，马柯威茨的均值方差模型是证券组合分析首要的理论基础，夏普的单因素模型、多因素模型和夏普、特雷诺、詹森的资本资产定价模型（CAPM）以及罗斯的套利定价模型（APT），又进一步扩充了该方法在实践运用中的理论基础。

第三节 股票投资分析的信息要素

信息在股票投资分析中起着非常重要的作用，是进行股票投资分析的基础。来自不同渠道的信息最终都将通过各种方式对股票的价格发生作用，影响股票价格的上涨或下跌，从而影响股票的收益率。因此，信息的多寡、质量的高低将直接影响股票投资分析的效果，影响分析报告的最终结论。从信息发布主体和渠道来看，股票市场上各种信息的来源主要有以下几个方面：

1. 政府部门

政府部门是国家宏观经济政策的制定者，是信息发布的主体，是我国证券市场上有关信息的主要来源。针对我国的实际情况，从总体上看，所发布信息可能会对证券市场产生影响的政府部门主要包括国务院、中国证券监督管理委员会、财政部、中国人民银行、国家发展和改革委员会、商务部以及国家统计局。

2. 证券交易所

我国沪、深证券交易所是在中国证监会领导下，不以盈利为目的的会员制事业法人，主要负责提供证券交易的场所和设施，制定证券交易所的业务规则，接受上市申请，安排证券上市，组织、监督证券交易，对会员、上市公司进行监管等事宜。其中，证券交易所向社会公布的证券行情、按日制作的证券行情表以及就市场内成交情况编制的日报表、周报表、月报表和年报表等，既是技术分析中的首要信息来源，也是量价分析的基础。

3. 上市公司

上市公司作为经营主体，其经营状况的好坏直接影响到投资者对其价值的判断，从而影响其股价水平的高低。一般来说，上市公司通过定期报告（如年度报告和中期报告）和临时公告等形式向投资者披露其经营状况的有关信息，如公司盈利水平、股利政策、增资、减资和资产重组等重大事宜。作为信息发布主体，它所公布的有关信息，是投资者对其证券进行价值判断的最重要来源。

4. 中介机构

证券中介机构是指为证券市场参与者，如发行人、投资者等提供各种服务的专职机构。按提供服务的内容不同，证券中介机构可以分为证券经营机构、证券投资咨询机构、证券登记结算机构以及可从事证券相关业务的会计师事务所、资产评估事务所和律师事务所、信用评级机构等。这些机构利用其人才、信息等方面的优势，为不同市场参与者提供相应的专业化服务，有助于投资者分析证券的投资价值，引导其投资方向。其中，由中介机构专业人员在资料收集、整理、分析的基础上撰写的、通常以有偿形式向使用者提供的研究报告，也是信息的一种重要形式。

5. 媒体

首先，媒体是信息发布的主体之一。由于影响证券市场的信息内容繁多，信息量极为庞大，因此，媒体便通过专门的人员对各种信息进行收集、整理、归类和汇总，并按有关规定予以公开披露，从而节省信息使用者的时间，极大地提高工作效率。其中，媒体专业人员通过实地采访与实地调研所形成的新闻报道或报告，是以媒体为发布主体的重要信息形式。

其次，媒体同时也是信息发布的主要渠道。只要符合国家的有关规定，各信息发布主体都可以通过各种书籍、报纸、杂志、其他公开出版物以及电视、广播、互联网等媒体披露有关信息。这些信息包括国家的法律法规、政府部门发布的政策信息及上市公司的年度报告和中期报告等。作为信息发布的主渠道，媒体是连接信息需求者和信息供给者的桥梁。

6. 其他来源

除上述几种信息来源以外，投资者还可通过实地调研、专家访谈、市场调查等渠道获得有关的信息，也可通过家庭成员、朋友、邻居等获得有关信息，甚至内幕信息。对某些投资者来说，上述渠道有时可能是获取信息的非常重要渠道。

但必须指出的是，根据有关证券投资咨询业务行为的规定，证券分析师从事面向公众的证券投资咨询业务时所引用的信息仅限于完整、翔实的公开披露的信息资料，并且不得以虚假信息、内幕信息或者市场传言为依据向客户或投资者提供分析、预测或建议。所以，证券分析师应当非常谨慎地处理所获得的非公开信息。

第四节 股票投资分析的主要方法

股票投资分析有三个基本要素：信息、步骤和方法。其中，股票投资分析的方法直接决定了股票投资分析的质量。

目前，进行股票投资分析所采用的分析方法主要有三大类：第一类是基本分析。它主要是根据经济学、金融学、投资学等基本原理推导出结论的分析方法。第二类是技术分析。它主要是根据股票市场自身变化规律得出结果的分析方法。第三类是股票组合分析法。区别于前两者对个别投资对象的研究，以多元化证券组合来有效降低非系统性风险是证券组合分析方法运用的出发点，且随着该方法的不断发展，数量化方法的充分利用成为其最大特点。

一、基本分析法

1. 定义

基本分析又称基本面分析，是指证券分析师根据经济学、金融学、财务管理学及投资学等基本原理，对决定证券价值及价格的基本要素，如宏观经济指标、经济政策走势、行业发展状况、产品市场状况、公司销售和财务状况等进行分析，评估证券的投资价值，判断证券的合理价位，提出相应的投资建议的一种分析方法。

2. 理论基础

基本分析的理论基础在于：①任何一种投资对象都有一种可以称为"内在价值"的固定基准，且这种"内在价值"可以通过对该种投资对象的现状和未来前景的分析而获得；②市场价格和"内在价值"之间的差距最终会被市场纠正，因此市场价格低于（或高于）内在价值之日，便是买（卖）机会到来之时。

3. 内容

基本分析的内容主要包括宏观经济分析、行业和区域分析以及公司分析三大内容。

（1）宏观经济分析主要探讨各经济指标和经济政策对证券价格的影响。经济指标分为三类：先行性指标，这类指标可以为将来的经济状况提供预示性的信息；同步性指标，这类指标的变化基本上与总体经济活动的转变同步；滞后性指标，这类指标的变化一般滞后于国民经济的变化。经济政策则主要包括货币政策、财政政策、信贷政策、债务政策、税收政策、利率与汇率政策、产业政策和收入分配政策等。

（2）行业分析和区域分析是介于宏观经济分析与公司分析之间的中观层次的分析。前者主要分析行业所属的不同市场类型、所处的不同生命周期以及行业的业绩对于证券价格的影响；后者主要分析区域经济因素对证券价格的影响。一方面，行业的发展状况对该行业上市公司的影响是巨大的，从某种意义上说，投资某家上市公司，实际上就是以某个行业为投资对象；另一方面，上市公司在一定程度上又受到区域经济的影响，尤其在我国，各地区的经济发展极不平衡，从而造成了我国证券市场所特有的"板块效应"。

（3）公司分析是基本分析的重点，无论什么样的分析报告，最终都要落实在某家公司证券价格的走势上。如果没有对发行证券的公司状况进行全面的分析，就不可能准确地预测其证券的价格走势。公司分析侧重对公司的竞争能力、盈利能力、经营管理能力、发展潜力、财务状况、经营业绩以及潜在风险等进行分析，借此评估和预测证券的投资价值、价格及其未来变化的趋势。

二、技术分析法

1. 定义

技术分析是仅从证券的市场行为来分析证券价格未来变化趋势的方法。证券的市场行为可以有多种表现形式，其中证券的市场价格、成交量、价和量的变化以及完成这些变化所经历的时间是市场行为最基本的表现形式。

2. 理论基础

技术分析的理论基础是建立在以下的三个假设之上的：①市场的行为包含一切信息；②价格沿趋势移动；③历史会重复。

3. 内容

技术分析理论的内容就是市场行为的内容。粗略地进行划分，可以将技术分析理论分为K线理论、切线理论、形态理论、技术指标理论、波浪理论和循环周期理论。

➦ 思考题

（1）什么是证券投资分析？

（2）为什么要进行证券投资分析，其意义是什么？

（3）证券投资的信息来源有哪些？

（4）证券投资分析的主要方法及其内容。

第四章 股票投资技术分析基础

第一节 股票投资技术分析概述

技术分析是证券投资分析中常用的一种分析方法，各种理论和技术指标都经过几十年甚至上百年的实践检验，在今天看来仍然具有指导或参考意义。

一、技术分析的含义

技术分析是以证券市场过去和现在的市场行为为分析对象，应用数学和逻辑的方法，探索出一些典型变化规律，并据此预测证券市场未来变化趋势的技术方法。由于技术分析运用了广泛的数据资料，并采用了各种不同的数据处理方法，因此受到了投资者的重视和青睐。技术分析法不但用于证券市场，还广泛用于外汇、期货和其他金融市场。

二、技术分析的基本假设

作为一种投资分析工具，技术分析是以一定的假设条件为前提的。这些假设是：市场行为涵盖一切信息；证券价格沿趋势移动；历史会重演。

1. 市场行为涵盖一切信息

这条假设是进行技术分析的基础。其主要思想是：任何一个影响证券市场的因素，最终都必然体现在股票价格的变动上。外在的、内在的、基础的、政策的和心理的因素以及其他影响股票价格的因素，都已经在市场行为中得到了反映。技术分析人员只需关心这些因素对市场行为的影响效果，而不必关心具体导致这些变化的原因究竟是什么。

这一假设有一定的合理性，因为任何因素对证券市场的影响都必然体现在证券价格的变动上，所以它是技术分析的基础。

2. 证券价格沿趋势移动

这一假设是进行技术分析最根本、最核心的条件。其主要思想是：证券价格的变动是有一定规律的，即保持原来运动方向的惯性，而证券价格的运动方向是由供求关系决定的。技术分析法认为证券价格的运动反映了一定时期内供求关系的变化。供求关系一旦确定，证券价格的变化趋势就会一直持续下去，只要供求关系不发生根本改变，证券价格的走势就不会发生反转。这一假设也有一定的合理性，因为供求关系决定价格在市场经济中是普遍存在的。只有承认证券价格遵循一定的规律变动，运用各种方法发现、揭示这些规律并对证券投资活动进行指导的技术分析法才有存在的价值。

否认了这条假设，即认为即使没有外部因素影响，股票价格也可以改变原来的运动方向，技术分析就没有了立足之本。股价的变动是遵循一定规律的，我们正是运用技术分析这个工具找到这些规律，才能对今后的股票买卖活动进行有效的指导。

3. 历史会重演

这条假设是从人的心理因素方面考虑的。

市场中进行具体买卖的是人，由人决定最终的操作行为。这一行为必然要受到人类心理学中某些规律的制约。在证券市场上，一个人在某种情况下按一种方法进行操作取得成功，那么以后遇到相同或相似的情况，他就会按同一方法进行操作；如果前一次失败了，后面这一次就不会按前一次的方法操作。证券市场的某个市场行为给投资者留下的阴影或快乐是会长期存在的。在进行技术分析时，一旦遇到与过去某一时期相同或相似的情况，应该与过去的结果比较。因此，技术分析法认为，根据历史资料概括出来的规律已经包含了未来证券市场的一切变动趋势，所以可以根据历史预测未来。这一假设也有一定的合理性，因为投资者的心理因素会影响投资行为，进而影响证券价格。

技术分析的三个假设有合理的一面，也有不尽合理的一面。例如，第一个假设说市场行为包括了一切信息，但市场行为反映的信息，同原始的信息毕竟有一些差异，信息损失是必然的。正因为如此，在进行技术分析的同时，还应该适当进行一些基本分析和其他方面的分析，以弥补不足。又如，一切基本因素的确通过供求关系影响证券价格和成交量，但证券价格最终要受到它的内在价值的影响。再如，第三个假设为历史会重演，但证券市场的市场行为是千变万化的，不可能有完全相同的情况重复出现，差异总是或多或少的存在。因此，技术分析法由于说服力不够强、逻辑关系不够充分引起不同的看法与争论。

三、技术分析的要素

股票市场中，价格、成交量、时间和空间是进行分析的要素。这几个因素的具体情况和相互关系是进行正确分析的基础。

市场行为最基本的表现就是成交价和成交量。过去和现在的成交价、成交量涵盖了过去和现在的市场行为。技术分析就是利用过去和现在的成交量、成交价资料，以图形分析和指标分析工具来分析、预测未来的市场走势。在某一时点上的价和量反映的是买卖双方在这一时点上共同的市场行为，是双方的暂时均势点。随着时间的变化，均势会不断发生变化，这就是价量关系的变化。一般来说，买卖双方对价格的认同程度通过成交量的大小得到确认。认同程度小，分歧大，成交量小；认同程度大，分歧小，成交量大。双方的这种市场行为反映在价、量上往往呈现出这样一种趋势规律：价升量增，价跌量减。根据这一趋势规律，当价格上升时，成交量不再增加，意味着价格得不到买方确认，价格的上升趋势就将会改变；反之，当价格下跌时，成交量萎缩到一定程度就不再萎缩，意味着卖方不再认同价格继续往下降了，价格下跌趋势就将会改变。成交价、成交量的这种规律关系是技术分析的合理性所在，因此，价、量是技术分析的基本要素，一切技术分析方法都是以价、量关系为研究对象的，目的就是分析、预测未来价格趋势，为投资决策提供服务。

在进行行情判断时，时间有着很重要的作用。**一个已经形成的趋势在短时间内不会发生根本改变，中途出现反方向波动，对原来趋势不会产生大的影响。**一个形成了的趋势又不可能永远不变，经过了一定时间又会有新的趋势出现。循环周期理论着重关心的就是时间因素，它强调了时间的重要性。

在某种意义上讲，空间可以认为是价格的一方面，指的是价格波动能够达到的极限。

四、技术分析的发展演变

投机的历史在人类社会已有非常悠久的历史，人类社会的经济活动充满了各种博弈。荷兰爆发了人类历史上有记载的第一次投机泡沫——郁金香泡沫。荷兰人发明了最早的操纵股市的技术，例如，卖空、卖空袭击、对敲以及逼空股票等。日本商人最早使用 K 线技术来分析和预测米市行情。

法国数学家巴契里耶在 1900 年写出的博士论文《投机理论》中，对股价的变化规律做了最早的探索。最早的证券投资技术分析理论是道氏理论，查尔斯·道（C. H. Dow）是道琼斯公司创办人之一和《华尔街日报》的主笔，他被认为是技术分析的开山鼻祖。道氏理论为股价分析提供了理论依据，也使得技术分析获得了极大的发展和传播。

在道氏理论之后，相继出现了多位对技术分析做出杰出贡献的技术分析投资大师。江恩（W. D. Gann）、艾略特（R. N. Elliott）、爱德华和马吉（R. D. Edward & J. Magee）、韦尔德（J. W. Wilder）等，他们对证券市场独到的理解和天才的构思，至今仍然"主导"着技术分析的主流。这些分析大师对技术分析方法的丰富和完善以及取得投资的巨大成功，对技术分析理论的传播和发展做出了不可低估的贡献。

在股票投资技术分析的发展历史上，有几本著作至今还产生重要作用。1932年，美国华尔街的投资大师江恩出版了《江恩理论》，他总结了股票价格的时间周期和循环周期理论，江恩正方形、时间隧道等是其理论的核心。1939年，艾略特出版了《波浪理论》一书，他在书中提出了波浪理论的完整构思。艾略特波浪理论的核心，是一个由8次波浪构成的股价变动的循环。每次股价变动的循环，均由5次上升波浪和3次调整波浪构成。第1~第5波浪为上升波浪，其中第1、第3、第5波浪为推动浪（Impulse Wave），第2、第4波浪为上升波浪中的调整浪（Collective Wave）。1948年首次出版的《股票趋势技术分析》（《Technical Analysis of Stock Trend》）由爱德华和马吉合著，此书对形态理论和支撑压力理论进行了系统总结，被称为美国华尔街投资的"圣经"。20世纪70年代后，计算机技术的发展为技术指标的发展奠定了基础。这个时期，许多的技术分析专家发明了对市场有较大影响的技术指标。韦尔德是其中最突出的一位。他在1978年出版的《股票技术分析的新理论》（《New Concepts in Technical Trading Systems》）中，对多种技术指标的应用进行了更高层次的提炼，使得技术指标获得了空前的发展。

第二节　道氏理论

道氏理论是所有市场技术研究的鼻祖，是技术分析的理论基础。该理论的创始人——查尔斯·道，声称其理论并不是用于预测股市，甚至不是用于指导投资者，而是一种反映市场总体趋势的"晴雨表"。他和爱德华·琼斯建立了道琼斯财经新闻服务社，并创立了著名的道琼斯平均指数。该理论是在其死后命名的。

查尔斯·道被认为是第一个试图通过选择一些具有代表性的股票的平均价格来反映总体证券市场趋势（或更确切地说，水平）而做了彻底努力的人，最终在 1897 年 1 月，形成了道氏在其市场趋势研究中使用的、我们今天仍在按其形式所使用的两个道琼斯指数。其中之一是由 20 家铁路公司股票组成的，因为在他那个时代铁路公司是主要的产业；另外一个是工业指数，代表所有行业，最初仅由几只股票组成，其数量在 1916 年增加到 20 个，在 1928 年 10 月 1 日增加到 30 个。

一、主要原理

1. 市场价格平均指数可以解释和反映市场的大部分行为

这是道氏理论对证券市场的重大贡献。道氏理论认为收盘价是最重要的价格，并利用收盘价计算平均价格指数。目前，世界上所有的证券交易所计算价格指数的方法大同小异，都源于道氏理论。此外，他还提出平均价格涵盖一切信息的假设。目前，这仍是技术分析的一个基本假设。

2. 市场波动具有某种趋势

道氏理论认为，价格的波动尽管表现形式不同，但是，最终可以将其分为三种趋势：主要趋势（Primary Trend）、次要趋势（Secondary Trend）和短暂趋势（Near Term Trend）。主要趋势是那些持续 1 年或 1 年以上的趋势，看起来像大潮；次要趋势是那些持续 3 周到 3 个月的趋势，看起来像波浪，是对主要趋势的调整；短暂趋势持续时间不超过 3 周，看起来像波纹，其波动幅度很小。

3. 主要趋势有三个阶段（以上升趋势为例）

第一个阶段为累积阶段，股价处于横向盘整时期，在这一阶段，聪明的投资者在得到信息并进行分析的基础上开始买入股票。第二个阶段为上涨阶段，在这一阶段，更多的投资者根据财经信息并加以分析，开始参与股市。尽管趋势是上升的，但也存在股价修正和回落。第三个阶段为市场价格达到顶峰后出现的又一个累积期，在这一阶段，市场信息变得更加为众人所知，市场活动更为频繁。第三个阶段结束的标志是下降趋势，并又回到累积阶段。

4. 两种平均价格指数必须相互加强

道氏理论认为，工业平均指数和运输业平均指数必须在同一方向上运行才可确认某一市场趋势的形成。

5. 趋势必须得到交易量的确认

在确定趋势时，交易量是重要的附加信息，交易量应在主要趋势的方向上放大。

6. 一个趋势形成后将持续，直到趋势出现明显的反转信号

这是趋势分析的基础，然而，确定趋势的反转却不太容易。

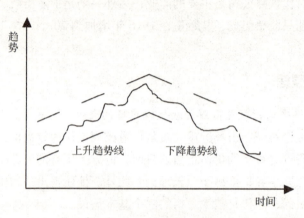

图 4-1　趋势线

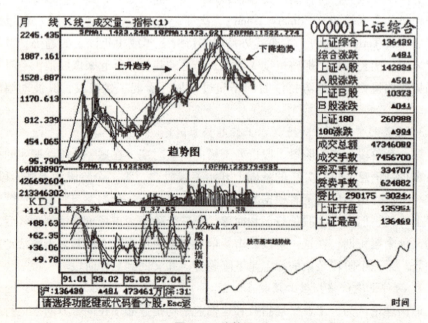

图 4-2　趋势图

二、道氏理论的应用及应注意的问题

道氏理论从来就不是用来指出应该买卖哪只股票的，而是在相关收盘价的基础上确定出股票市场的主要趋势，因此，道氏理论对大形势的判断有较大的作用，但对于每日每时都在发生的小波动则显得无能为力。道氏理论甚至对次要趋势的判断作用也不大。

道氏理论的另一个不足是它的可操作性较差。一方面，道氏理论的结论落后于价格变化，信号太迟；另一方面，理论本身存在不足，使得一名很优秀的道氏理论分析师在进行行情判断时，也会因得到一些不明确的信号而产生困惑。

尽管道氏理论存在某些缺陷，有的内容对今天的投资者来说已过时，但它仍是许多技术分析的理论基础。近 50 年来，出现了很多新的技术，有相当部分是道氏理论的延伸，这在一定程度上弥补了道氏理论的不足。

第三节 股票技术分析方法的分类

一、技术分析方法的分类

在价、量历史资料基础上进行的统计、数学计算、绘制图表是技术分析方法的主要手段。从这个意义上讲，技术分析方法种类繁多、形式多样。一般说来，可以将技术分析方法分为如下常用的五类：指标类、切线类、形态类、K线类和波浪类。

1. 指标类

指标类是根据价、量的历史资料，通过建立一个数学模型，给出数学上的计算公式，得到一个体现证券市场的某个方面内在实质的指标值。指标反映的东西大多是无法从行情报表中直接看到的，它可为我们的操作行为提供指导方向。常见的指标有相对强弱指标（RSI）、随机指标（KD）、趋向指标（DMI）、平滑异同移动平均线（MACD）、能量潮（OBV）、心理线（PSY）、乖离率（BIAS）等。

2. 切线类

切线类是按一定方法和原则在据股票价格数据所绘制的图表中画出一些直

线，然后根据这些直线的情况推测股票价格的未来趋势，为我们的操作行为提供参考。这些直线就叫切线。切线的画法最为重要，画得好坏直接影响预测的结果。常见的切线有趋势线、轨道线、黄金分割线、甘氏线、角度线等。

3. 形态类

形态类是根据价格图表中过去一段时间走过的轨迹形态来预测股票价格未来趋势的方法。价格走过的形态是市场行为的重要部分，从价格轨迹的形态中，我们可以推测出证券市场处在一个什么样的大环境中，由此对我们今后的投资给予一定的指导。主要的形态有 M 头、W 底、头肩顶、头肩底等十几种。

4. K 线类

K 线类是根据若干天的 K 线组合情况，推测证券市场中多空双方力量的对比，进而判断证券市场行情的方法。K 线图是进行各种技术分析的最重要的图表。人们经过不断地经验总结，发现了一些对股票买卖有指导意义的 K 线组合，而且，新的研究结果也正不断地被发现、被运用。

5. 波浪类

波浪理论是把股价的上下变动和不同时期的持续上涨、下跌看成是波浪的上下起伏，认为股票的价格运动遵循波浪起伏的规律，数清楚了各个浪就能准确地预见跌势已接近尾声或牛市即将来临或是牛市已到了强弩之末或熊市即将来到。波浪理论较之别的技术分析流派，最大的区别就是能提前很长时间预计到行情的底和顶，而别的流派往往要等到新的趋势已经确立之后才能看到。但是，波浪理论又是公认的较难掌握的技术分析方法。

以上五类技术分析流派从不同的方面理解和考虑证券市场，有的有相当坚实的理论基础，有的没有很明确的理论基础。在操作上，有的注重长线，有的注重短线；有的注重价格的相对位置，有的注重绝对位置；有的注重时间，有的注重价格。尽管各类分析方法考虑的方式不同，但目的是相同的，彼此并不排斥，在使用上可相互借鉴。

二、技术分析方法应用时应注意的问题

技术分析作为一种证券投资分析工具，在应用时应该注意以下问题：

1. 技术分析必须与基本分析结合起来使用

从理论上看，技术分析法和基本分析法分析股价趋势的基本点是不同的。基本分析的基本点是事先分析，即在基本因素变动对证券市场发生影响前，投资者已经在分析、判断市场的可能走势，从而做出"顺势而为"的买卖决策。

但是基本分析法很大程度上依赖于经验判断，其对证券市场的影响力难以数量化、程式化，受投资者主观能力的制约较大。技术分析法的基点是事后分析，以历史预知未来，用数据、图形、统计方法来说明问题，不依赖于人的主观判断，一切都依赖于用已有资料做出客观评论。但未来不会简单重复过去，所以仅依靠过去和现在的数据预测未来并不可靠。因此，为了提高技术分析的可靠性，投资者只有将技术分析法与基本分析法结合起来进行分析，才能既保留技术分析的优点，又考虑基本因素的影响，提高预测市场趋势的准确程度。

2. 多种技术分析方法综合研判

技术分析方法五花八门，但每一种方法都有其独特的优势和功能，也有不足和缺陷。没有任何一种方法能概括股价走势的全貌。实践证明，单独使用一种技术分析方法有相当大的局限性和盲目性，甚至会给出错误的买卖信号。为了减少失误，只有将多种技术分析方法结合运用，相互补充、相互印证，才能减少出错的概率，提高决策的准确性。

3. 理论与实践相结合

各种技术分析的理论和方法都是前人或别人在一定的特殊条件和特定环境下得到的。随着环境的变化，别人的成功方法自己在使用时却有可能失败。因此，在使用技术分析方法时，要注意掌握各种分析方法的精髓，并根据实际情况做适当的调整。同时，也只有将各种方法应用于实际，并经过实践检验后成功的方法才是好的方法。

第四节　股价图形分析

图形分析是技术分析中使用最广泛的方法，它是用有关数据资料绘制成各种图形，用以研究股价走势的方法。

图形分析的基本思路是：股价的波动形式会及时地告诉投资者进行证券交易所需要的一切信息。在这种分析方法中，投资者甚至根本不需要知道证券的名称，他所要做的只是对股价波动做出正确的解释。

一、点线图

点线图是将每日、每周或每月的收盘价标在图表上，然后用线条将各点连接起来的价格图（见图4-3）。

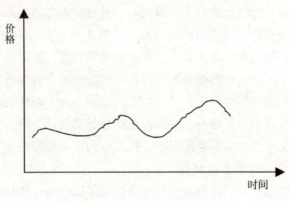

图 4-3　点线图

点线图的优点是简单明了，能使投资者迅速了解某种投资工具价格的变化动态。但它有一个明显的缺点，即图形所反映的信息量太少，只反映了收盘价一个指标。

二、直线图

直线图又叫棒状图，它的纵轴描述价格变化和交易的股票总额，横轴表示交易时间。图 4-4 上面一排竖直的短棒表示交易的最高价和最低价，左侧横线代表开盘价，右侧横线代表收盘价。这种交易价格，可以是每天的，也可以是每周的或每月的。图 4-5 中，下面一排柱状图表示交易量。

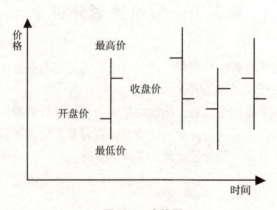

图 4-4　直线图

在图 4-5 中，如果横轴的时间以天计算，那么在纵轴的上半部分，可以标出和读出每天的最高价、最低价、开盘价和收盘价，在纵轴下半部分可以标出每天的交易量。交易量和股票价格在纵轴上使用的是不同的标度。上面的标度一般要小一些，反映的是每种股票买卖的价格；下面的标度一般要大一些，反映的是该天的成交量多少。如图 4-5 所示。

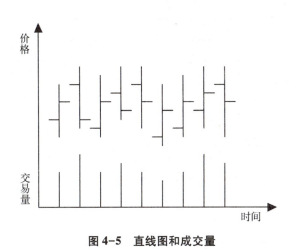

图 4-5 直线图和成交量

三、点数图

点数图又叫方格图，它不是用坐标来表示价格变化，而是用小方格来表示价格变化。

点数图（见图 4-6）以"×"（叉）和"○"（圆圈）表示价格的涨跌，通常是利用方格纸，纵轴表示价格，每一方格代表一个价格水平。由于一日中的价格上下变动皆记入，所以横轴不表示确切的时间，仅是一列一列地表示相反方向价格变动及其幅度。

点数图用符号"○"表示股价下跌，用符号"×"表示股价上涨。当价格朝相反方向变化时，就另起一列继续跟踪价格的变动。为了易于辨认交易时间，点数图制作者可以用该月份的数字来代替图中占一格的"○"或"×"。

用点数图来分析和预测投资市场价格走势，主要依据图中所出现的密集区，即"○"和"×"出现最多的价格范围。密集区的出现意味着该时期投资对象供求大致保持平衡，买盘和卖盘势力相当。一旦图中某列上的"○"穿透了密集区往下排列，意味着价格要下跌；反之，当图中某一列上"×"穿透密集区往上增，则说明价格要上升。为使其能准确地跟上最新价格情况的变化，图表制作者必须密切注视投资市场上价格行情的变化。

			×									
			×	○		×						×
×		×	×	○	×	×	○	×		×		
×	○	×	○	×	○	×	○	×	○	×	○	6
×	○	×	○	×	○	5	×	○	×	○		×
	4	×	○		○		○	×	○		○	
	○					○			○	×		
									○			

图 4-6　点数图

➡ **思考题**

（1）什么是技术分析及其基本假设？

（2）什么是证券市场的市场行为？

（3）简述道氏理论的主要原理。

（4）技术分析主要分为哪几类？各自的特点是什么？

（5）影响价格上下波动的最根本的因素是什么？

第五章　K线理论

第一节　K线图简介

K线理论发源于日本，是最古老的技术分析方法。1750 年日本人就开始利用阴阳烛来分析大米期货，后因其细腻独到的标画方式而被引入股市及期货市场。目前，这种图表分析法在我国以至整个东南亚地区尤为流行。由于用这种方法绘制出来的图表形状颇似一根根蜡烛，加上这些蜡烛有黑白之分，因而也叫阴阳线图表。通过 K 线图，我们能够把每日或某一周期的股市状况表现完全记录下来。

一、绘制方法

首先我们找出当日或某一周期的开市价和收市价，把这两个价位连接成一条狭长的长方柱体；然后再找到该日或某一周期的最高和最低价，垂直地与长方柱体连成一条直线。假如当日或某一周期的收市价较开市价高（低开高收），我们便以红色来表示，或是在柱体上留白，这种柱体就称为"阳线"。如果当日或某一周期的收市价较开市价低（高开低收），我们则以蓝色表示，又或是在柱体上涂黑色，这种柱体就是"阴线"了（见图 5-1）。

二、优点

K 线能够全面透彻地观察到市场的真正变化。我们从 K 线图中，既可看到股价（或大市）的趋势，同时也可以了解到每日股市的波动情形。

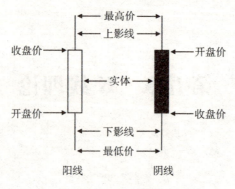

图 5-1　K 线图

三、缺点

阴线与阳线的变化繁多，对初学者来说，在掌握分析方面会有相当的困难，不及柱线图那样简单易明。

四、分析意义

由于"阴阳线"变化繁多，"阴线"与"阳线"里包含着许多大小不同的变化，因此其分析的意义，有特别提出一谈的必要。

在讨论"阴阳线"的分析意义前，先让我们知道阴阳线每一个部分的名称。

我们以阳线为例，最高价与收盘价之间的部分称为"上影"，开盘价与收盘价之间的部分称为"实体"，开盘价与最低价之间的部分称为"下影"。

K线具有东方人所擅长的形象思维特点，没有西方用演绎法得出的技术指标那样定量，因此运用上还是主观意识占上风。面对形形色色的 K 线组合，初学者不禁有些为难，其实浓缩就是精华，我们把浩瀚的 K 线大法归纳为简单的三招：一看阴阳，二看实体大小，三看影线长短。

"一看阴阳"——阴阳代表趋势方向，阳线表示将继续上涨，阴线表示将继续下跌。以阳线为例，经过一段时间的多空拼搏，收盘价高于开盘价表明多头占据上风，根据牛顿力学定理，在没有外力作用下价格仍将按原有的方向与速度运行，因此阳线预示下一阶段仍将继续上涨，最起码能保证下一阶段初期能惯性上冲。故阳线往往预示着继续上涨，这一点也极为符合技术分析中三大假设之一的股价沿趋势波动，而这种顺势而为也是技术分析最核心的思想。同理可得阴线继续下跌。

"二看实体大小"——实体大小代表内在动力，实体越大，上涨或下跌的趋势越是明显，反之趋势则不明显。以阳线为例，其实体就是收盘价高于开盘价的那部分，阳线实体越大说明了上涨的动力越足，就如质量越大与速度越快的物体其惯性冲力也越大的物理学原理，阳线实体越大代表其内在上涨动力也越大，其上涨的动力将大于实体小的阳线。同理可得阴线实体越大，下跌动力也越足。

"三看影线长短"——影线代表转折信号，向一个方向的影线越长，越不利于股价向这个方向变动，即上影线越长，越不利于股价上涨，下影线越长，越不利于股价下跌。以上影线为例，在经过一段时间多空斗争之后，多头终于"晚节不保"败下阵来。"一朝被蛇咬，十年怕井绳"，不论 K 线是阴还是阳，上影线部分已构成下一阶段的上行阻力，股价向下调整的概率居大。同理可得下影线预示着股价向上攻击的概率居大。

K 线一点通的简单三招，既可对日 K 线、周 K 线、月 K 线甚至年 K 线进行分析，也可对两根、三根甚至 N 根 K 线进行研判。前者可简单运用，后者将 N 根 K 线叠加为一根然后进行研判。

第二节　K 线的基本形态

一、K 线基本形态

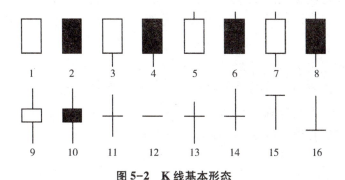

图 5-2　K 线基本形态

1. 长红线或大阳线（光头光脚大阳线）

此种图表示最高价与收盘价相同，最低价与开盘价一样，上下没有影线。从一开盘，买方就积极进攻，中间也可能出现买方与卖方的斗争，但买方发挥最大力量，一直到收盘。买方始终占优势，使价格一路上扬，直至收盘。表示强烈的涨势，股市呈现高潮，买方疯狂涌进，不限价买进。握有股票者，因看到买气的旺盛，不愿抛售，出现供不应求的状况。

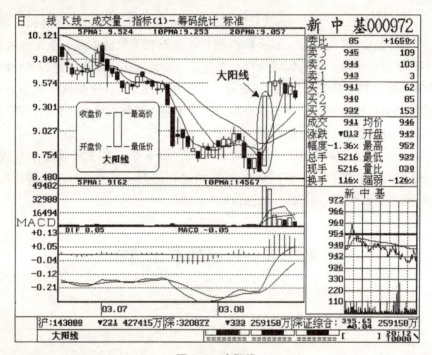

图 5-3　大阳线

2. 长黑线或大阴线（光头光脚大阴线）

此种图表示最高价与开盘价相同，最低价与收盘价一样，上下没有影线。从一开始，卖方就占优势。股市处于低潮。握有股票者不限价疯狂抛出，造成恐慌心理。市场呈"一面倒"，直到收盘时价格始终下跌，表示强烈的跌势。

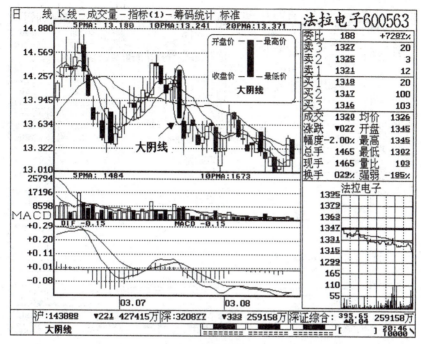

图 5-4 大阴线

3. 先跌后涨型（光头阳线）

这是一种带下影线的红实体。最高价与收盘价相同，开盘后，卖气较足，价格下跌。但在低价位上得到买方的支撑，卖方受挫，价格向上推过开盘价，一路上扬，直至收盘，收在最高价上。总体来讲，出现先跌后涨型，买方力量较大，但实体部分与下影线长短不同，买方与卖方力量对比不同。

一是实体部分比下影线长。价位下跌不多，即受到买方支撑，价格上推。破了开盘价之后，还大幅度推进，买方实力很大。

二是实体部分与下影线相等。买卖双方交战激烈，但大体上，买方占主导地位，对买方有利。

三是实体部分比下影线短。买卖双方在低价位上发生激战，遇买方支撑逐步将价位上推。但从图中可发现，上面实体部分较小，说明买方所占据的优势不太大，如卖方次日全力反攻，则买方的实体很容易被攻占。

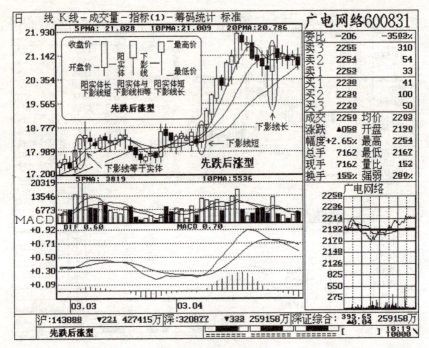

图 5-5　先跌后涨型

4. 下跌抵抗型（光头阴线）

这是一种带下影线的黑实体，开盘价是最高价。一开盘卖方力量就特别大，价位一直下跌，但在低价位上遇到买方的支撑，后市可能会反弹。实体部分与下影线的长短不同可分为三种情况：

一是实体部分比影线长。卖方压力比较大，一开盘，大幅度下压，在低点遇到买方抵抗，买方与卖方发生激战，影线部分较短，说明买方把价位上推不多，从总体上看，卖方占了比较大的优势。

二是实体部分与影线同长。表示卖方把价位下压后，买方的抵抗也在增加，但可以看出，卖方仍占优势。

三是实体部分比影线短。卖方把价位一路压低，在低价位上，遇到买方顽强抵抗并组织反击，逐渐把价位上推，最后虽以黑棒收盘，但可以看出卖方只占极少的优势。后市很可能买方会全力反攻，把小黑实体全部吃掉。

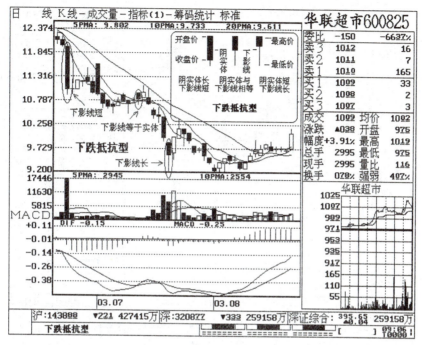

图 5-6　下跌抵抗型

5. 上升阻力型（光脚阳线）

这是一种带上影线的红实体。开盘价即最低价。一开盘买方强盛，价位一路上推，但在高价位遇卖方压力，使股价上升受阻。卖方与买方交战结果为买方略胜一筹。具体情况仍应观察实体与影线的长短。

一是红实体比影线长。表示买方在高价位遇到阻力，部分多头获利回吐，但买方仍是市场的主导力量，后市继续看涨。

二是实体与影线同长。买方把价位上推，但卖方压力也在增加。两者交战结果，卖方把价位压回一半，买方虽占优势但显然优势不大。

三是实体比影线短。在高价位遇卖方的压力，卖方全面反击，买方受到严重考验。大多短线投资者纷纷获利回吐，在当日交战结束后，卖方已收回大部分失地。买方一块小小的堡垒（实体部分）将很快被消灭，这种 K 线如出现在高价区，则后市看跌。

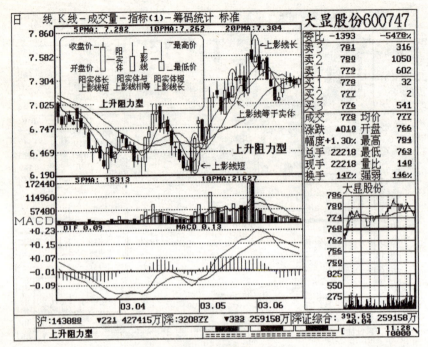

图 5-7　上升阻力型

6. 先涨后跌型（光脚阴线）

这是一种带上影线的黑实体。收盘价即是最低价。一开盘，买方与卖方进行交战，买方占上风，价格一路上升，但在高价位遇卖压阻力，卖方组织力量反攻，买方节节败退，最后在最低价收盘，卖方占优势，并充分发挥力量，使买方陷入"套牢"的困境。

具体情况有以下三种：

一是黑实体比影线长。表示买方把价位上推不多，立即遇到卖方强有力的反击，把价位压破开盘价后乘胜追击，再把价位下推很大的一段。卖方力量特别强大，局势对卖方有利。

二是黑实体与影线相等。买方把价位上推，但卖方力量更强，占据主动地位。卖方具有优势。

三是黑实体比影线短。卖方虽将价格下压，但优势较少，明日入市，买方力量可能再次反攻，黑实体很可能被攻占。

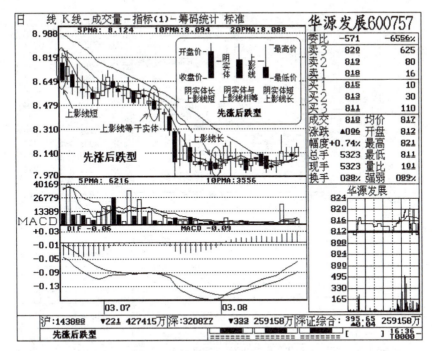

图 5-8 先涨后跌型

7. 反转试探型（带有上下影线阳线）

这是一种上下都带影线的红实体。开盘后价位下跌，遇买方支撑，双方争斗之后，买方增强，价格一路上推，临收盘前，部分买者获利回吐，在最高价之下收盘。这是一种反转信号。如在大涨之后出现，表示高档震荡，如成交量大增，后市可能会下跌；如在大跌后出现，后市可能会反弹。这里上下影线及实体的不同又可分为多种情况：

一是上影线长于下影线之红实体。这一情形又分为：影线部分长于红实体表示买方力量受挫折；红实体长于影线部分表示买方虽受挫折，但仍占优势。

二是下影线长于上影线之红实体。这一情形可分为：红实体长于影线部分表示买方虽受挫折，仍居于主动地位；影线部分长于红实体表示买方尚需接受考验。

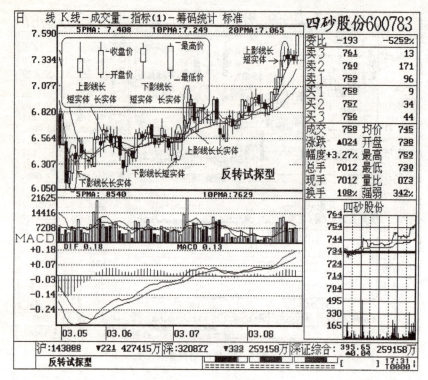

图 5-9　反转试探型

8. 弹升试探型

这是一种上下都带影线的黑实体。在交易过程中，股价在开盘后，有时会力争上游，随着卖方力量的增加，买方不愿追逐高价，卖方渐居主动，股价逆转，在开盘价下交易，股价下跌。在低价位遇买方支撑，买气转强，不至于以最低价收盘。有时股价在上半场以低于开盘价成交，下半场买意增强，股价回至高于开盘价成交，临收盘前卖方又占优势，而以低于开盘价之价格收盘。这也是一种反转试探，如在大跌之后出现，表示低档承接，行情可能反弹；如大涨之后出现，后市可能下跌。

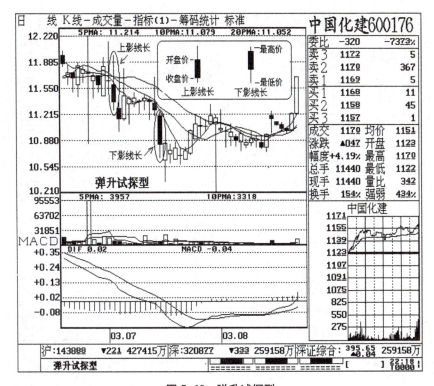

图 5-10　弹升试探型

9. 十字线型

这是一种只有上下影线，没有实体的图形。开盘价即是收盘价，表示在交易中，股价出现高于或低于开盘价成交，但收盘价与开盘价相等。买方与卖方几乎势均力敌。

其中，上影线越长，表示卖压越重；下影线越长，表示买方旺盛；上下影线看似等长的十字线，可称为转机线，在高价位或低价位，意味着出现反转。

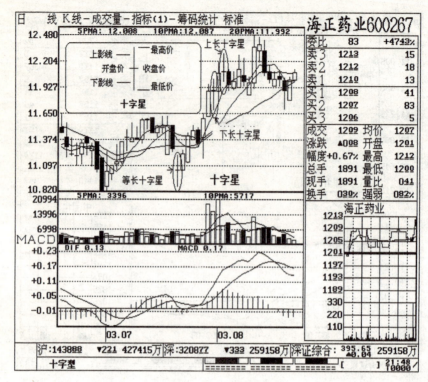

图 5-11 十字星型

10. T 型与倒 T 型

倒 T 型又称空胜线，开盘价与收盘价相同。当日交易都在开盘价以上之价位成交，并以当日最低价（开盘价）收盘，表示买方虽强，但卖方更强，买方无力再挺升，总体看卖方稍占优势。如在高价区，行情可能会下跌。

T 型又称多胜线，开盘价与收盘价相同。当日交易以开盘价以下之价位成交，又以当日最高价（开盘价）收盘，表示卖方虽强，但买方实力更大，局势对买方有利。如在低价区，行情将会回升。

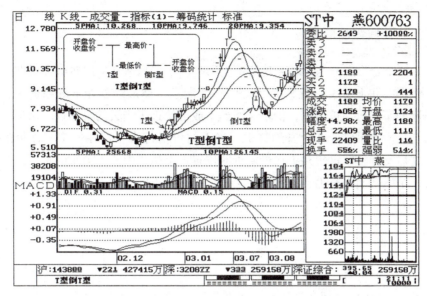

图 5-12　T 型与倒 T 型

11. "一"字型

此图形不常见，即开盘价、收盘价、最高价、最低价在同一价位。只出现于交易非常冷清，全日交易只有一档价位成交。冷门股此类情形较易发生。

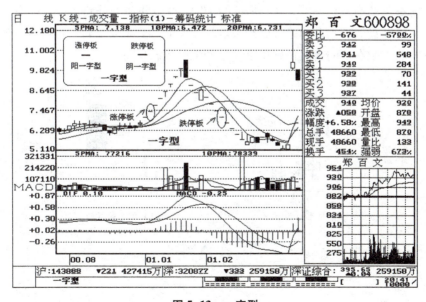

图 5-13　一字型

65

二、K 线组合形态

K 线组合形态分为反转和持续两大种类，本书列举 9 种反转组合形态。

锤形线和上吊线如图 5-14 和图 5-15 所示。锤形线处在下降趋势中，当天疯狂的卖出行动被遏制，价格又回到了或者接近了当天的最高点。锤形线有牛市含义。上吊线处在上升趋势中，当天的价格行为一定在低于开盘价的位置，之后反弹使收盘价几乎在最高价的位置。上吊线中产生出来的长下影线显示了一个疯狂卖出是怎样开始的。上吊线具有熊市的含义。

图 5-14　锤形线　　　　　　　　　　图 5-15　上吊线

鲸吞型基本形状如图 5-16 所示。熊市鲸吞型处在上升趋势中，收盘价比前一天的开盘低，上升的趋势已经被破坏，上升趋势将要反转；牛市鲸吞型的情况与熊市鲸吞型的情况正好相反，是看涨的组合形态。

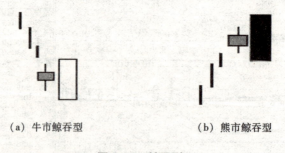

（a）牛市鲸吞型　　　　　　　　（b）熊市鲸吞型

图 5-16　鲸吞型

孕育型的基本形状如图 5-17 所示。牛市孕育型处在下降趋势进行了一段时间之后，第二天价格上升，建议买进；熊市孕育型处在上升趋势进行了一段时间之后，第二天价格低开，动摇了多头，引起价格的下降，建议卖出。

（a）牛市孕育型　　　　　　　　　　（b）熊市孕育型

图 5-17　孕育型

倒锤线和射击之星的基本形状如图 5-18 和图 5-19 所示。倒锤线之前已经是下降趋势，潜在的趋势反转将支持上升。射击之星处在上升趋势中，市场跳空向上开盘，出现新高，最后收盘在当天的较低位置，后面的跳空行为只能当成看跌的熊市信号。

图 5-18　倒锤线　　　　　　　　　**图 5-19　射击之星**

刺穿线与乌云盖顶的基本形状如图 5-20 和图 5-21 所示。刺穿线形成于下降趋势中，第一天的长阴线后，第二天的收盘高于长阴线实体的中点，是反转形态。乌云盖顶是上升趋势的时候，长阳线后的收盘价格降到阳线实体的中间之下，顶部反转的机会较大。

图 5-20　刺穿线　　　　　　　　　　　　　　图 5-21　乌云盖顶

早晨之星和黄昏之星的基本形状如图 5-22 和图 5-23 所示。早晨之星开始是一根长阴线，第二天的小实体显示了不确定性，第三天价格跳空高开，显著的趋势反转已经发生。黄昏之星的情况与早晨之星正好相反，是上升趋势中的反转的组合形态。

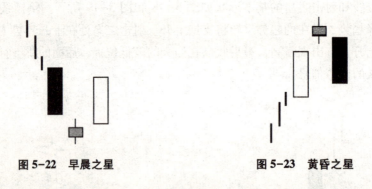

图 5-22　早晨之星　　　　　　　　　　　　　　图 5-23　黄昏之星

三白兵基本图形如图 5-24 所示。如果在下降（上升）很长时间后出现，是反转的信号。沪深市场的三白兵阳线之间更多的是有缺口的。

强弩之末是发生在上升趋势末期，基本图形如图 5-25 所示。小实体和缺口说明不确定性阻止向上移动。强弩之末展示了原来上升趋势的弱化。从图形上看，强弩之末是黄昏之星的"前奏曲"。在上升的过程中，强弩之末的形态出现得越晚，不能继续上升的强弩之末的含义越强。

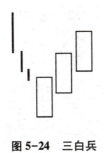

图 5-24　三白兵

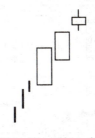

图 5-25　强弩之末

三乌鸦发生在上升趋势末期，基本图形如图 5-26 所示。三乌鸦呈阶梯形逐步下降，由于出现一根长阴线，明确的趋势倒向了下降的一边。

图 5-26　三乌鸦

第三节　K 线形态趋势分析

所谓趋势分析是以日线图中，3~5 天行情变化为对象，对未来股价走势的分析也是以短期行情变化为目标，不过在许多时候也必须把它放在长期的行情中去分析理解。

一、上升行情

1. 两颗星

上升行情中出现极线的情形即称为两颗星、三颗星，此时股价上涨，若再配合成交量放大，即为可信度极高的买进时机，股价势必再出现另一波涨升行情。

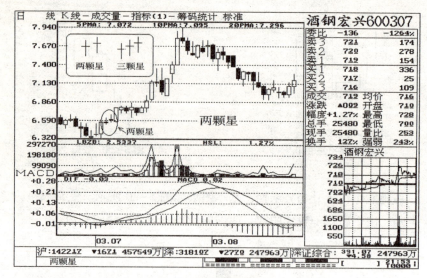

图 5-27　两颗星

2. 跳空上扬

在上涨行情中，某日跳空拉出一条阳线后，即刻出现一条下降阴线，此为加速股价上涨的前兆，投资人无须惊慌抛出持股，股价必将持续前一波涨势继续上升。

图 5-28　跳空上扬

3. 下降阴线

在涨升的途中，出现如图 5-29 所示的三条连续下跌阴线，为逢低承接的大好时机。当第四天的阳线超越前一天的开盘价时，表示买盘强于卖盘，应立刻买进以期股价扬升。

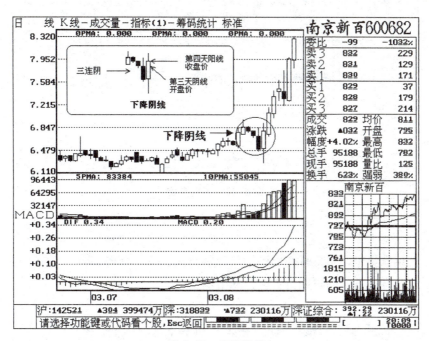

图 5-29 下降阴线

4. 上档盘旋

股价随着强而有力的大阳线往上涨升，在高档将稍做整理，也就是等待大量换手，随着成交量的扩大，即可判断另一波涨势的出现。上档盘整期约为 6~11 日，若期间过长则表示上涨无力。

图 5-30　上档盘旋

5. 并排阳线

持续涨势中，某日跳空出现阳线，隔日又出现一条与其几乎并排的阳线，如果隔日开高盘，则可期待大行情的出现。

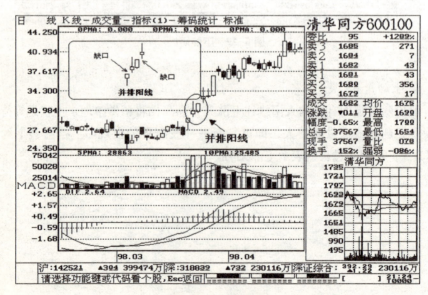

图 5-31　并排阳线

6. 超越覆盖线

行情上涨途中若是出现覆盖线，表示已达天价区，此后若是出现创新天价的阳线，代表行情有转为买盘的迹象，股价会继续上涨。

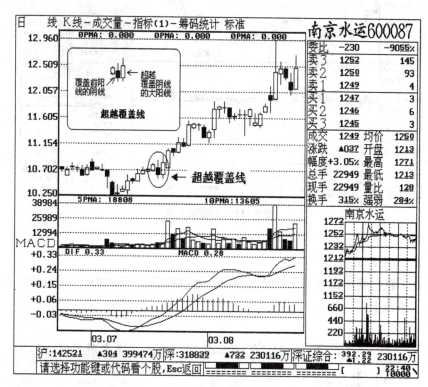

图 5-32　超越覆盖线

7. 上涨插入线

在行情震荡走高之际，出现覆盖阴线的隔日，拉出一条下降阳线，这是短期的回档，股价必上涨。

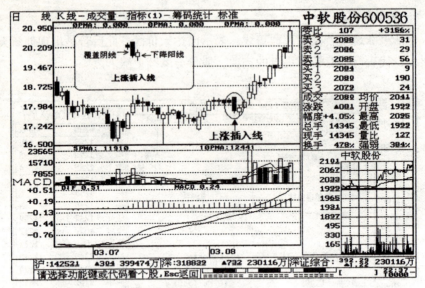

图 5-33　上涨插入线

8. 三条大阴线

在下跌行情中出现三条连续大阴线，是股价隐入谷底的征兆，行情将转为买盘，股价上扬。

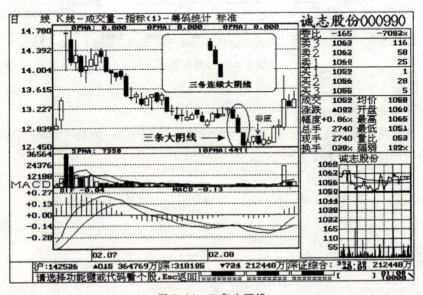

图 5-34　三条大阴线

9. 上升三法

行情上涨中，大阳线之后出现三根连续小阴线，这是蓄势待发的征兆，股价将上升。

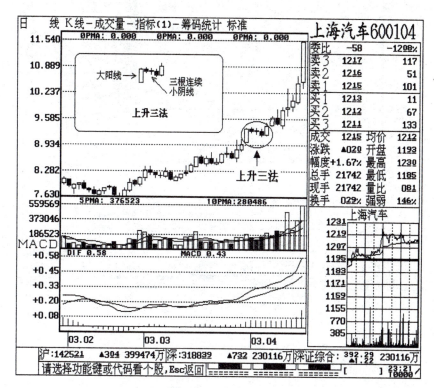

图 5-35　上升三法

10. 向上跳空阴线

此图形虽不代表将有大行情出现，但可持续七天左右的涨势，为买进时机。

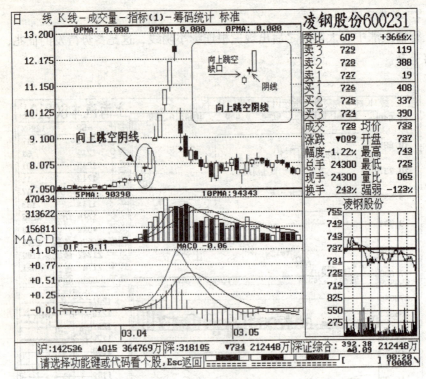

图 5-36　向上跳空阴线

二、反弹行情

1. 反弹线

在底价圈内，行情出现长长的下影线时，往往为买进时机，出现买进信号之后，投资人即可买进，或为了安全起见，可等行情反弹回升之后再买进，若无重大利空出现，行情必定反弹。

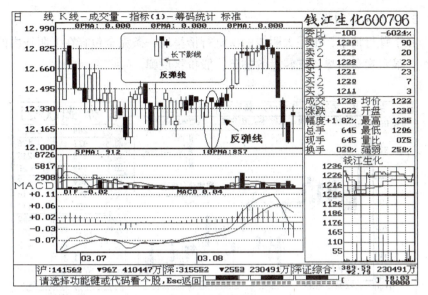

图 5-37 反弹线

2. 舍子线

在大跌行情中，跳空出现舍子线，这暗示着筑底已经完成，为反弹之征兆。

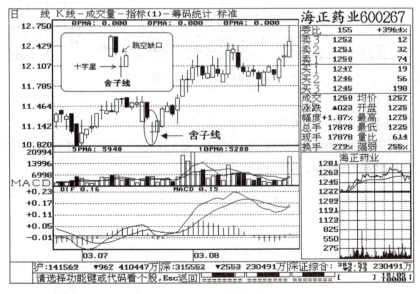

图 5-38 舍子线

3. 阴线孕育阳线

在下跌行情中，出现大阴线的次日行情呈现一条完全包容在大阴线内的小阳线，显示卖盘出尽，有转盘的迹象，股价将反弹。

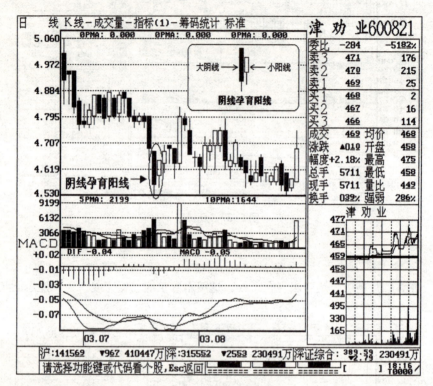

图 5-39 阴线孕育阳线

4. 五条阴线后一条大阴线

当阴阳交错拉出五条阴线后，出现一条长长的大阴线，可判断"已到底部"，如果隔日开高盘，则可视为反弹的开始。

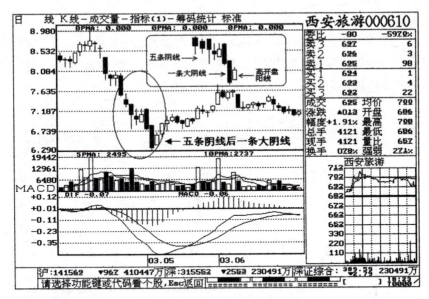

图 5-40　五条阴线后一条大阴线

5. 两条插入线

此图形暗示逢低接手力道强劲，股价因转盘而呈上升趋势。

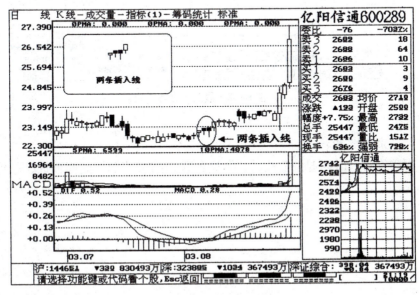

图 5-41　两条插入线

6. 最后包容线

在连续的下跌行情中出现小阳线，隔日即刻出现包容的大阴线，此代表筑底完成，行情即将反弹。虽然图形看起来呈现弱势，但该杀出的浮码均已出尽，股价必将反弹而上。

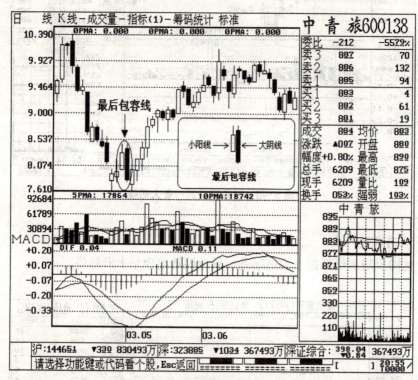

图 5-42　最后包容线

7. 下档五根阳线

在底价圈内出现五条阳线，暗示逢低接手力道不弱，底部形成，股价将反弹。

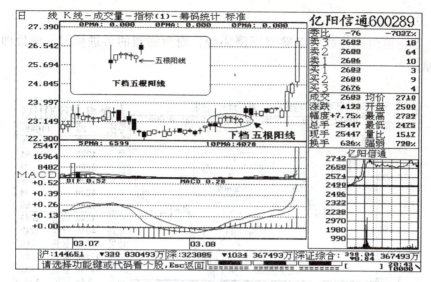

图 5-43　下档五根阳线

8. 反弹阳线

确认股价已经跌得很深，某一天，行情出现阳线，即"反弹阳线"时，即为买进信号。若反弹阳线附带着长长的下影线，表示低档已有主力大量承接，股价将反弹而上。

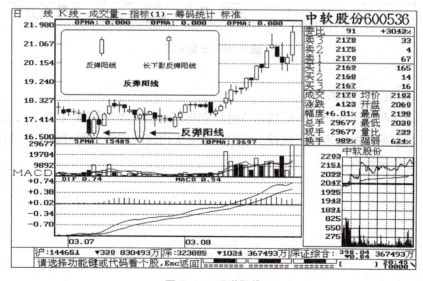

图 5-44　反弹阳线

9. 三空阴线

当行情出现连续三条跳空下降阴线，则为强烈的买进信号，股价即将反弹。

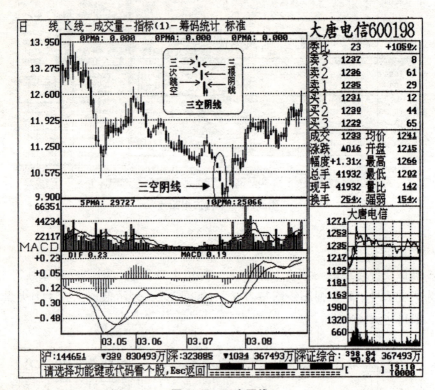

图 5-45　三空阴线

10. 连续下跌三颗星

确认股价已跌深，于低档盘整时跳空出现连续三条小阴线（极线），这是探底的前兆，如果第四天出现十字线，第五天出现大阳线，则可确认底部已筑成，股价反转直上。

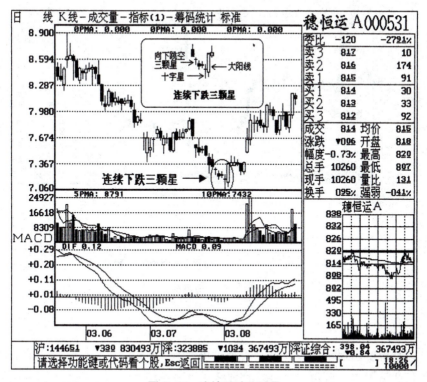

图 5-46　连续下跌三颗星

三、下跌行情

1. 覆盖线

　　股价连续数天涨升之后，隔日以高盘开出，随后买盘不愿追高，大势持续滑落，收盘价跌到前一日阳线之内。这是超买之后所形成的卖压涌现，获利了结股票大量释出之故，股价将下跌。

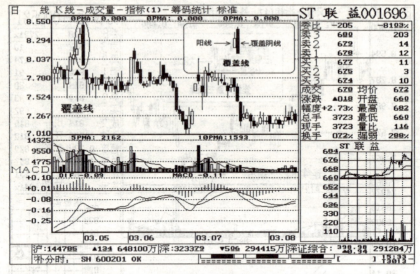

图 5-47　覆盖线

2. 十字线

在高价圈出现十字线（开盘收盘等价线），并留下上下影线，其中上影线较长。此情形表示股价经过一段时日后，已涨得相当高，欲振乏力，开始要走下坡，这是明显的卖出信号。

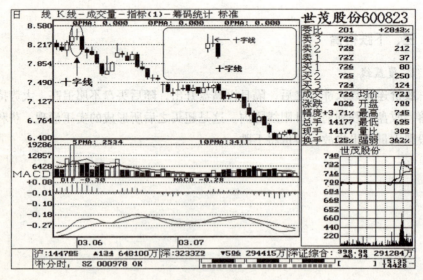

图 5-48　十字线

3. 阴线孕育于较长阳线内

经过连日飙涨后，当日的开、收盘价完全孕育在前一日的大阳线中，并出现一根阴线，这也代表上涨力道不足，是股价下跌的前兆。若隔天再拉出一条上影阴线，更可判断为股价暴跌的征兆。

图5-49　阴线孕育于较长阳线内

4. 阳线孕育于较长阳线内

股价连续数天扬升之后，隔天出现一根小阳线，并完全孕育在前日的大阳线中，表示上升乏力，是暴跌的前兆。

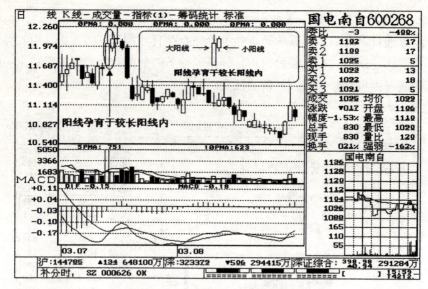

图 5-50 阳线孕育于较长阳线内

5. 孕育十字线

这指今日的十字线完全包含在前一日的大阳线之中的情况。此状态代表买盘力道减弱，行情即将回软转变成卖盘，股价下跌。

图 5-51 孕育十字线

6. 最后包容线

当股价持续数天涨势后出现一根阴线，隔天又开低走高拉出一根大阳线，将前一日的阴线完全包住，这种现象看来似乎买盘增强，但只要隔日行情出现比大阳线的收盘价低，则投资人应该断然释出持股。若是隔日行情高于大阳线的收盘价，也很有可能成为"覆盖阴线"，投资人应慎防。

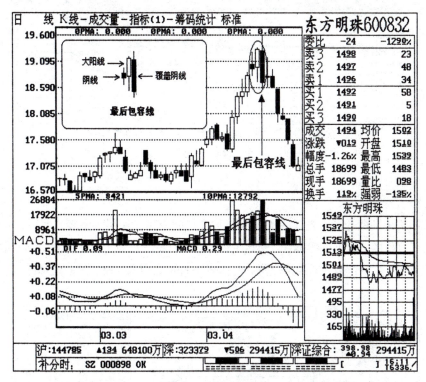

图 5-52　最后包容线

7. 跳空

所谓跳空即两条阴阳线之间不互相接触，中间有空格。连续出现三根跳空阳线后，卖压必现，一般投资人在第二根跳空阳线出现后，即应先行获利了结，以防回档惨遭套牢。

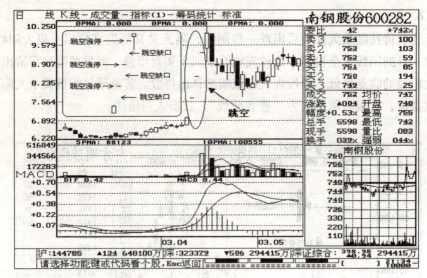

图 5-53　跳空

8. 下影线过长

股价于高档开盘，先前的买盘因获利了结而杀出，使得大势随之滑落，低档又逢有力承接，股价再度攀升，形成下影线为实线的 3 倍以上。此图形看起来似乎买盘转强，然宜慎防主力拉高出货，空手者不宜贸然介入，持股者宜逢高抛售。

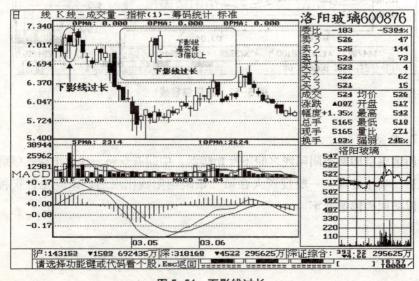

图 5-54　下影线过长

9. 尽头线

持续涨升的行情中一旦出现此图形，表示上涨力道即将不足，行情将回档盘整，投资人宜先行获利了结。这也是一种"障眼线"，小阳线并没有超越前一日的最高点，证明上涨乏力，股价下跌。

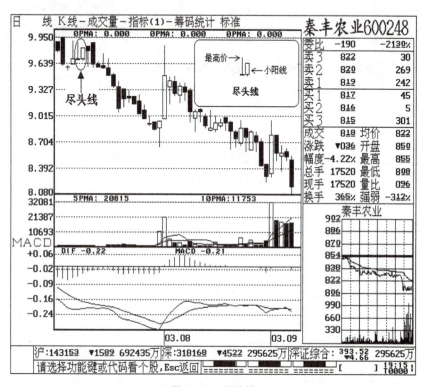

图 5-55　尽头线

10. 反击顺延线

自高档顺次而下出现两根阴线，为了打击此两根阴线出现一大根阳线，看起来似乎买盘力道增强了，但投资人须留意这只不过是根"障眼线"，主力正在拉高出货，也是投资人难得的逃命线，宜抛出持股。

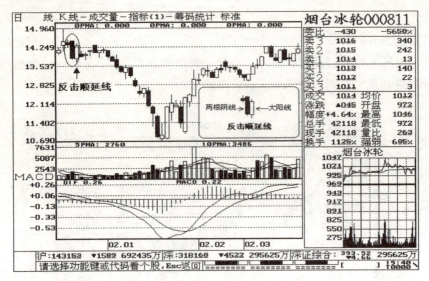

图 5-56　反击顺延线

11. 跳空舍子线

行情跳空上涨出现一条十字线，隔日却又跳空拉出一根阴线，暗示行情即将暴跌。此时股价涨幅已经相当大，无力再往上冲，以致跳空而下，为卖出信号，在此情况下，成交量往往也会随之减少。

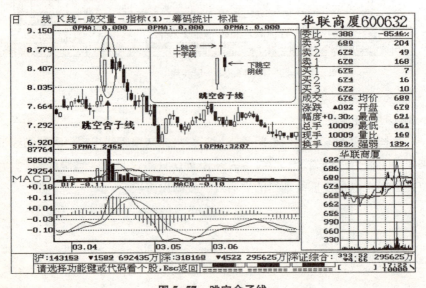

图 5-57　跳空舍子线

12. 跳空孕育十字线

当股价跳空上涨后拉出三根大阳线，随后又出现一条十字线，代表涨幅过大，买盘不愿追高，持股者纷纷杀出，这也是融券放空者千载难逢的好机会，股价将暴跌。

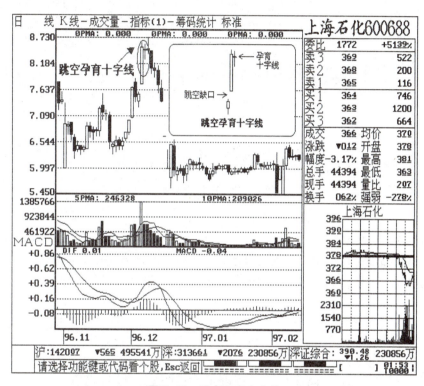

图 5-58　跳空孕育十字线

13. 下降插入线

持续下降阴线中，出现一条开低走高的阳线，为卖出时机，股价必将持续下跌。

图 5-59　下降插入线

14. 下降覆盖线

在高档震荡行情中，出现一条包容大阴线，隔日牵出一条下降阳线，接下来又出现覆盖线，则暗示行情已到达天价价位，此时为脱手线。

图 5-60　下降覆盖线

15. 高档五阴线

股价涨幅已高，线路图出现五条连续阴线，显示股价进入盘整，此时若成交量萎缩，更可确信行情不妙。

图 5-61　高档五阴线

16. 下降三法

在行情持续下跌中，出现一条大阴线，隔天起却又连现三根小阳线，这并不代表筑底完成，接下来若再出现一条大阴线，则为卖出时机，股价必将持续往下探底。

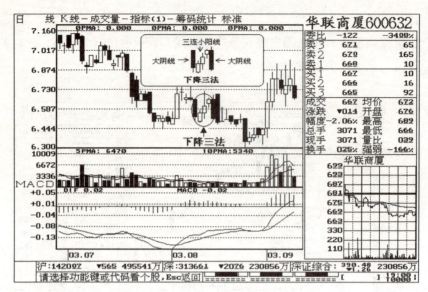

图 5-62　下降三法

17. 三段大阳线

行情持续下跌中出现一条大阳线，此大阳线将前三天的跌幅完全包容，这是绝好的逃命线，投资人宜尽快出脱持股，股价将持续下跌。

图 5-63　三段大阳线

18. 三颗星

下跌行情中出现极线，这是出脱持股的好机会，股价将再往下探底。

图 5-64 三颗星

19. 低档盘旋

通常盘整时间在 6~11 日，若接下来出现跳空阴线，则为大跌的起步，也就是说前段的盘整只不过是中段的盘整罢了，股价将持续回档整理。

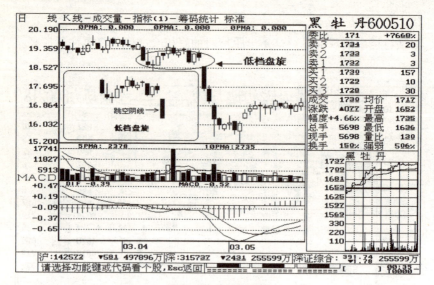

图 5-65　低档盘旋

20. 跳空下降二阴线

在下降的行情中又出现跳空下降的连续两条阴线，这是暴跌的前兆。通常在两条阴线出现之前，会有一小段反弹行情，但若反弹无力，连续出现阴线时，表示买盘大崩盘，股价将继续往下探底。

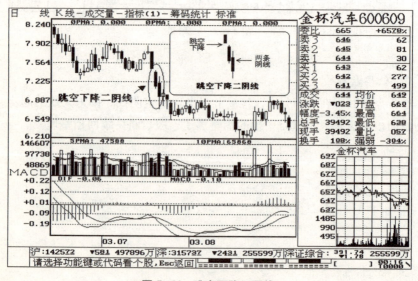

图 5-66　跳空下降二阴线

第四节 应用 K 线组合应注意的问题

无论是一根 K 线，还是两根、三根以至多根 K 线，都是对多空双方争斗做出的一种描述，由它们的组合得到的结论都是相对的，不是绝对的。对具体进行股票买卖的投资者而言，结论只是起一种建议作用，并不是命令，也不是说今后要涨就一定涨，而是指今后要涨的概率比较大。

有时候在应用时，会发现运用不同种类的组合得到了不同的结论。有时应用一种组合得到明天会下跌的结论，但是实际没有下跌。这时一个重要原则是尽量使用根数多的 K 线组合的结论，将新的 K 线加进来重新进行分析判断。一般来说，多根 K 线组合得到的结果不大容易与事实相反。

➡ **思考题**

（1）什么叫 K 线及其分类？

（2）K 线组合的准确性与组合中所包含的 K 线数目是否有关？

（3）指出 3 种反转的 K 线组合形态图形。

（4）分别举例说明上升、反弹和下跌的 K 线组合。

第六章 股价形态分析

第一节 股价形态分析概述

一、形态分析的概念和方法

K 线理论已经告诉我们一些对今后股价运动方向进行判断的方法，不可否认，它具有很好的指导意义。但是，K 线理论更注重短线的操作，它的预测结果只适用于往后很短的时期，有时仅仅是一两天。为了弥补这种不足，我们将K 线组合中所包含的 K 线根数增加，这样，众多的 K 线组成了一条上下波动的曲线，这条曲线就是股价在这段时间移动的轨迹，它比前面 K 线理论中的 K 线组合情况所包括的内容要全面得多。

形态理论正是通过研究股价所走过的轨迹，分析和挖掘出曲线告诉我们的一些多空双方力量的对比结果，进而指导我们的行动。

股价运动有按趋势发展的规律，并且类似情况会重复出现，可以通过对过去和现在的股价资料分析预测未来股价的变动方向。其中最重要的方法之一是把过去和现在的股价变动数据标在以时间为横轴、以股价为纵轴的平面直角坐标系上，以股价图形的形态分析未来趋势，这即是形态分析。

分析股价趋势时，可以取一个固定的时间段（例如，一天、一周、一月、一年或者五分钟、一小时等），以这个时间段结束时的股价作为这个时间段股价的代表进行研制和绘图。如果以一天为单位时间，就取当天的收盘价为代表；以一周为单位时间，就取一周最后一个交易日收盘价为代表，分别标在平面直角坐标系中，按时间顺序连成收盘价曲线图。以此类推，分别构成股价的日线图、周线图、月线图、年线图和分时图，进一步细致分析，还可以取每一个单位时间内的开盘价、最高价、最低价和收盘价，以这四个数据作为每个单位时间内股价变化的代表，可以更充分地表示股价变化。

二、股价移动规律和两种形态类型

1. 股价移动规律

股价的移动是由多空双方力量大小决定的。一段时间内，多方处于优势，股价将向上移动；在另一个时间段内，如果空方处于优势，则股价将向下移动。这些事实，我们在介绍 K 线时已经进行了说明，这里所考虑的范围要比前面所叙述的广泛得多。

多空双方的一方占据优势的情况又是多种多样的。有的只是稍强一点，股价向上（下）走不了多远就会遇到阻力；有的强势大一些，可以把股价向上（下）拉得多一些；有的优势是决定性的，这种优势完全占据主动，对方几乎没有什么力量与之抗衡，股价向上（下）移动势如破竹。

根据多空双方力量对比可能发生的变化，可以知道股价的移动应该遵循这样的规律：第一，股价应在多空双方取得均衡的位置上下来回波动；第二，原有的平衡被打破后，股价将寻找新的平衡位置。这种股价移动的规律可描述如下：

持续整理、保持平衡──→打破平衡──→新的平衡──→再打破平衡──→再寻找新的平衡──→……

股价的移动就是按这一规律循环往复、不断地运行的。证券市场中的胜利者往往是在原来的平衡快要被打破之前或者是在被打破的过程中采取行动而获得收益的。原平衡已经被打破，新的平衡已经找到，这时才开始行动，就已经晚了。

2. 股价移动的两种形态类型

根据股价移动的规律，我们可以把股价曲线的形态分成持续整理形态和反转突破形态两大类型。前者保持平衡，后者打破平衡。平衡的概念是相对的，股价只要在一个范围内变动，都属于保持了平衡。这样，这个范围的选择就成为判断平衡是否被打破的关键。

同支撑线、压力线被突破一样，平衡被打破也有被认可的问题。刚打破一点，不能算真正打破。反转突破形态存在种种假突破的情况，假突破给某些投资者造成的损失有时是很大的。虽然我们对形态的类型进行了分类，但是实际操作中有些形态不容易区分其究竟属于哪一类。例如，一个局部的三重顶（底）形态，在一个更大的范围内有可能被认为是矩形形态的一部分；一个三角形形态有时也可以被当成反转突破形态，尽管多数情况下我们都把它当成持续整理形态。

反转突破形态描述了趋势方向的反转，是投资分析中应该重点关注的变化形态。反转变化形态主要有头肩形态、双重顶（底）、圆弧顶（底）形态、喇叭形以及 V 形反转形态等多种形态。

与反转突破形态不同，持续整理形态描述的是，在股价向一个方向经过一段时间的快速运行后，不再继续原趋势，而在一定区域内上下窄幅波动，等待时机成熟后再继续前进。这种运行所留下的轨迹称为整理形态。三角形、矩形、旗形和楔形是著名的整理形态。

第二节　头肩形态

头肩形态是实际股价形态中出现最多的一种形态，也是最著名和最可靠的反转突破形态。它一般可分为头肩顶、头肩底以及复合头肩形态三种类型。

一、头肩顶形态

头肩顶形态是一个可靠的沽出时机，一般通过连续的三次起落构成该形态的三个部分，也就是要出现三个局部的高点。中间的高点比另外两个都高，称为头；左右两个相对较低的高点称为肩。这就是头肩顶形态名称的由来（见图 6-1）。

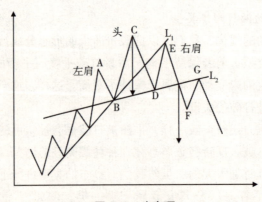

图 6-1　头肩顶

头肩顶形态的形成过程大体如下：

（1）股价长期上升后，成交量大增，获利回吐压力也增加，导致股价回落，成交量较大幅度下降，左肩形成。

（2）股价回升，突破左肩之顶点，成交量也能因充分换手而创纪录，但价位过高使持股者产生恐慌心理，竞相抛售，股价回跌到前一低点水准附近，头部完成。

（3）股价再次上升，但前段的巨额成交量将不再重现，涨势亦不再凶猛，价位到达头部顶点之前即告回落，形成右肩。这一次下跌时，股价急速穿过颈线，再回升时，股价也仅能达到颈线附近，然后成为下跌趋势，头肩顶形态宣告完成。

这种头肩顶反转向下的道理与支撑线和压力线的内容有密切关系。图 6-1 中的直线 L_1 和 L_2 是两条明显的支撑线。从 C 点到 D 点，突破直线 L_1 说明上升趋势的势头已经遇到了阻力，E 点和 F 点之间的突破则是趋势的转向。此外，E 点的反弹高度没有超过 C 点，也是上升趋势出了问题的信号。

图中的直线 L_2 是头肩顶形态中极为重要的直线——颈线。在头肩顶形态中，它是支撑线，起支撑作用。

头肩顶形态走到了 E 点并掉头向下，只能说是原有的上升趋势已经转化成了横向延伸，还不能说已经反转向下了。只有当图形走到了 F 点，即股价向下突破了颈线，才能说头肩顶反转形态已经形成。

同大多数的突破一样，这里颈线被突破也有一个被认可的问题。百分比原则和时间原则在这里都适用。一般而言，以下两种形态为假头肩顶形态：第一，当右肩的高点比头部还要高时，不能构成头肩顶形态；第二，如果股价最后在颈线水平回升，而且回升的幅度高于头部，或者股价跌破颈线后又回升到颈线上方，这可能是一个失败的头肩顶，宜做进一步观察。

头肩顶形态是一个长期趋势的转向形态，一般出现在一段升势的尽头。这一形态具有如下特征：①一般来说，左肩与右肩高点大致相等，有时右肩较左肩低，即颈线向下倾斜；②就成交量而言，左肩最大，头部次之，而右肩成交量最小，即呈梯状递减；③突破颈线不一定需要大成交量配合，但日后继续下跌时，成交量会放大。

当颈线被突破，反转确认以后，大势将下跌。下跌的深度，可以借助头肩顶形态的测算功能进行。

从突破点算起，股价将至少要跌到与形态高度相等的距离。

形态高度的测算方法：量出从"头"到颈线的直线距离（图6-1中从C点向下的箭头长度），这个长度称为头肩顶形态的形态高度。上述原则是股价下落的最起码的深度，是最近的目标，价格实际下落的位置要根据很多别的因素来确定。上述原则只是给出了一个范围，只对我们有一定的指导作用。预计股价今后将跌到什么位置能止住，永远是进行股票买卖的人最关心的问题，也是最不易回答的问题。

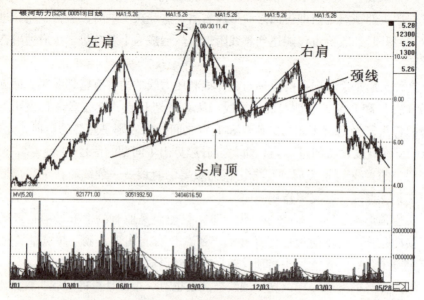

图6-2　头肩顶实战案例

说明：2007年5月至2008年3月，银河动力（000519）日线图上出现了以11.47元为头部，以10.16元为左肩，以9.79元为右肩，以5.7~7.50元为颈线的头肩顶形态，顶部形态极其明显。

二、头肩底形态

头肩底是头肩顶的倒转形态，是一个可靠的买进时机。这一形态的构成和分析方法，除了在成交量方面与头肩顶有所区别外，其余与头肩顶类同，只是方向正好相反，如图6-3所示。例如，上升改成下降，高点改成低点，支撑改成压力。

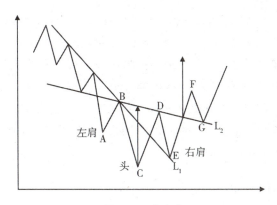

图 6-3 头肩底

值得注意的是，头肩顶形态与头肩底形态在成交量配合方面的最大区别是：头肩顶形态完成后，向下突破颈线时，成交量不一定放大；而头肩底形态向上突破颈线，若没有较大的成交量出现，可靠性将大为降低，甚至可能出现假的头肩底形态。

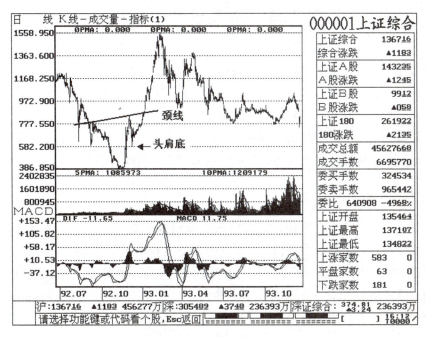

图 6-4 头肩底实战案例

说明：1992年9~12月，上证指数日线图上出现以595点为左肩，以386点为头部，以592点为右肩，以790~841点为颈线的头肩底。长达4个月形成的大头肩底决定了暴涨至1558点的坚实基础，从技术面反映了那一轮牛市的根源，可见，即使是被评为"不理智"的"爆炒"也有其部分理论依据。其头部至颈线垂直距离约为818点-386点＝432点，上涨幅度从冲破颈线起算为1558点-850点＝708点，708/432＝1.64，基本上是1.618倍的黄金分割（见后面K线和黄金分割比例介绍）。

三、复合头肩形态

股价变化经过复杂而长期的波动所形成的形态可能不只是标准的头肩形态，会形成所谓的复合头肩形态。这种形态与头肩形态基本相似，只是左右肩部或者头部出现多于一次。其形成过程也与头肩形态类似，分析意义也和普通的头肩形态一样，往往出现在长期趋势的底部或顶部。复合头肩形态一旦完成，即构成一个可靠性较大的买进或沽出时机。

第三节　双重顶和双重底

双重顶和双重底就是市场上众所周知的M头和W底，也是一种极为重要的反转形态，其在实际中出现得也非常频繁。与头肩形态相比，就是没有头部，只是由两个基本等高的峰或谷组成。

双重顶（底）一共出现两个顶（底），也就是两个相同高度的高点（低点）。下面以M头（见图6-5）为例说明双重顶形成的过程。

一、M头

在上升趋势过程的末期，股价急速上升到第一个高点A点，建立了新高点之后受阻回跌，在峰顶处留下大成交量。受上升趋势线的支撑，这次回档将在B点附近停止，成交量随股价下跌而萎缩。往后就是继续上升，股价又回至前一峰顶附近C点（与A点几乎等高），成交量再度增加，却不能达到前面的成交水准，上升遇到阻力，接着股价掉头向下，这样就形成A和C两个顶的形状。

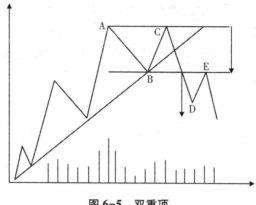

图 6-5　双重顶

M 头形成以后，有两种可能的前途：第一，未突破 B 点的支撑位置，股价在 A、B、C 三点形成的狭窄范围内上下波动，演变成下文将要介绍的矩形。第二，突破 B 点的支撑位置继续向下，这种情况才是双重顶反转突破形态的真正出现。前一种情况只能说是一个潜在的双重顶反转突破形态出现了。

以 B 点作平行于 A、C 连线的平行线（图 6-5 中的第二条直线），就得到一条非常重要的直线——颈线。A、C 连线是趋势线，颈线是与这条趋势线对应的轨道线，它在这里起支撑作用。

一个真正的双重顶反转突破形态的出现，除了必要的两个相同高度的高点以外，还应该向下突破 B 点支撑。

突破颈线就是突破轨道线、突破支撑线，所以也有突破被认可的问题。后面介绍的有关支撑线、压力线被突破的确认原则在这里都适用。

双重顶反转突破形态一旦得到确认，同样具有测算功能，即从突破点算起，股价将至少要跌到与形态高度相等的距离。

这里的形态高度，是从顶点到颈线的垂直距离，即从 A 或 C 到 B 的垂直距离。图 6-5 中右边箭头所指的将是股价至少要跌到的位置，在它之前的支撑都不足取。

总结起来，双重顶反转形态一般具有如下特征：①双重顶的两个高点不一定在同一水平，两者相差少于 3% 就不会影响形态的分析意义；②向下突破颈线时，不一定有大成交量伴随，但日后继续下跌时，成交量会扩大；③双重顶形态完成后的最小跌幅度量方法，是由颈线开始，至少会下跌从双头最高点到颈线之间的差价距离。

对于双重底，有完全相似或者说完全相同的结果。只要将对双重顶的介绍反过来叙述就可以了。比如，将向下说成向上，高点说成低点，支撑说成压力。

需要注意的是，双重底在颈线突破时，必须有大成交量的配合，否则即可能为无效突破。

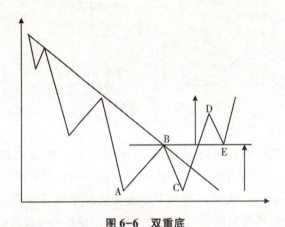

图 6-6　双重底

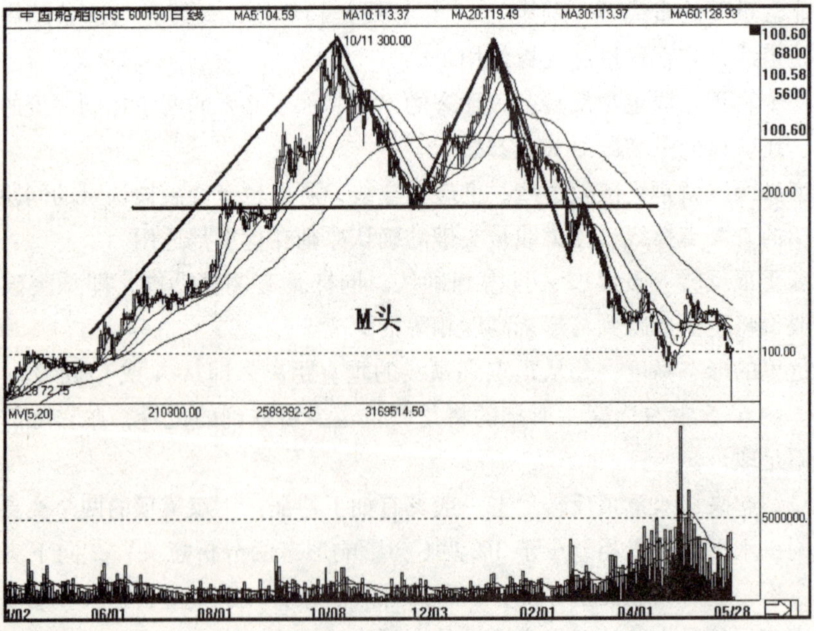

图 6-7　M 头实战案例

说明：中国船舶（600150）2007 年 10 月 11 日的 300 元和 2008 年 1 月 8 日的 296.98 元形成 M 头，2008 年 2 月 25 日突破颈线 190 元，2008 年 3 月 4 日回抽颈线，突破颈线后的最大跌幅 111.15 元，超过了理论跌幅 110 元。图中可以看到对应第一个高点的成交量较大，随下跌而萎缩，随反弹再次放大，但已不及第一个高点，在向下突破颈线时量放大。之后回抽反弹，受阻后下跌较猛（有些 M 头形态没有对颈线的回抽属少见）。

二、W 底

在下降趋势的末期，见图 6-6，价格在 A 点进行正常的反弹，在 B 点附近停止后继续下降，但是力量不够，在 C 点（与 A 等高）上升，形成 W 底。

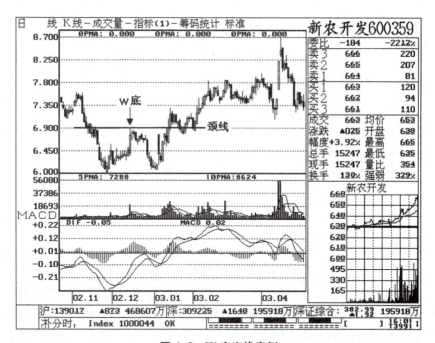

图 6-8　W 底实战案例

说明：新农开发（600359）2002 年 11 月 27 日的 6 元和 2003 年 1 月 3 日的 6.08 元形成 W 底，2003 年 1 月 14 日突破颈线 6.9 元，2003 年 1 月 23 日和 2003 年 2 月 11 日两次回抽颈线，突破颈线后的最大涨幅 1.8 元，超过了理论涨幅 0.9 元。

第四节　三重顶和三重底

三重顶（底）形态是双重顶（底）的扩展形式，也是头肩顶（底）的变形，由三个一样高或一样低的顶或底组成。与头肩形态的区别是头的价位回缩到与肩差不多相等的位置，有时甚至低于或高于肩部一点。从这个意义上讲，三重顶（底）与双重顶（底）也有相似的地方，只是前者比后者多"折腾"了一次。

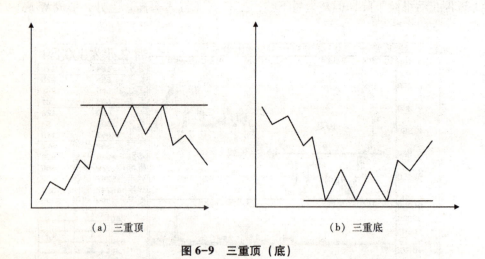

（a）三重顶　　　　　　　　　　（b）三重底

图 6-9　三重顶（底）

出现三重顶（底）的原因是由于没有耐心的投资者在形态未完全确定时，便急于跟进或跳出；走势不尽如人意时又急于杀出或抢进；等到大势已定，股价正式反转上升或下跌，仍照原预期方向进行时，投资者却犹豫不决，缺乏信心，结果使股价走势比较复杂。

图 6-9 是三重顶（底）的简单图形。它的颈线差不多是水平的，三个顶（底）也差不多是相等高度。

应用和识别三重顶（底）的方法主要是用识别头肩形态的方法。头肩形态适用的方法三重顶（底）都适用，这是因为三重顶（底）从本质上说就是头肩形态。

与一般头肩形态最大的区别是，三重顶（底）的颈线和顶部（底部）连线是水平的，这就使得三重顶（底）具有矩形的特征。比起头肩形态来说，三重顶（底）更容易演变成持续形态，而不是反转形态。一是三重顶（底）的顶峰与顶峰或谷底与谷底的间隔距离和时间在分析时不必相等；二是如果三重顶（底）的三个顶（底）的高度从左到右依次下降（上升），则三重顶底就演变成了直角三角形态。这些都是我们在应用三重顶（底）时应该注意的地方。

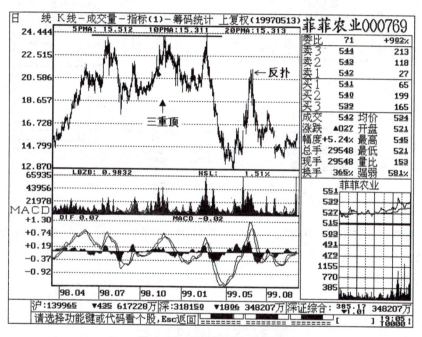

图 6-10　三重顶的实战案例

说明：菲菲农业（000769）1997 年 7 月至 2000 年 2 月的日 K 线图。在1998 年 7 月至 1999 年 3 月前后形成了一个三重顶。在 1999 年 5 月出现了一次"反扑"。

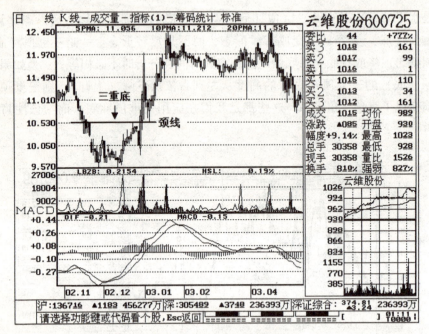

图 6-11　三重底实战案例

　　说明：云维股份（600725）2002 年 11 月 27 日的 9.57 元和 2002 年 12 月 11 日的 9.61 元及 2002 年 12 月 27 日的 9.85 元，形成三重底，2002 年 12 月 30 日突破颈线 10.55 元，2003 年 1 月 6 日回抽确认。

第五节　圆弧形态

　　将股价在一段时间的顶部高点用折线连起来，每一个局部的高点都考虑到，我们有时可能得到一条类似于圆弧的弧线，盖在股价之上；将每个局部的低点连在一起也能得到一条弧线，托在股价之下，如图 6-12 所示。

　　圆弧形又称为碟形、圆形或碗形等，这些称呼都很形象。不过应该注意的是：图中的曲线不是数学意义上的圆，也不是抛物线，而仅仅是一条曲线。人们已经习惯于使用直线，在遇到图 6-12 中这样的顶和底时，用直线显然就不够了，因为顶、底的变化太频繁，一条直线应付不过来。

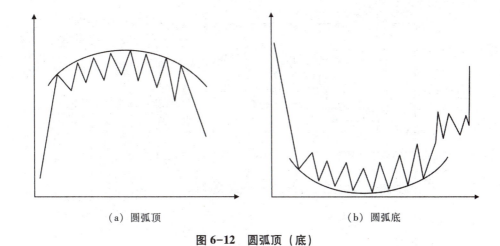

（a）圆弧顶　　　　　　　　　　　（b）圆弧底

图 6-12　圆弧顶（底）

圆弧形态在实际中出现的机会较少，但是一旦出现则是绝好的机会，它的反转深度和高度是不可测的，这一点同前面几种形态有一定区别。

圆弧的形成过程与头肩形态中的复合头肩形态有相似的地方，只是圆弧形态的各种顶或底没有明显的头肩的感觉。这些顶部和底部的地位都差不多，没有明显的主次区分。这种局面的形成在很大程度上是一些机构大户炒作证券的产物。这些人手里有足够的股票，如果一下抛出太多，股价下落太快，手里的货可能不能全部出手，只能一点一点地往外抛，形成众多的来回拉锯，直到手中股票接近抛完时，才会大幅度打压，一举使股价下跌到很深的位置。如果这些人手里持有足够的资金，一下子买得太多，股价上得太快，也不利于今后的买入，也要逐渐地分批建仓，直到股价一点一点地来回拉锯，往上接近圆弧边缘时，才会用少量的资金一举往上提拉到一个很高的高度。因为这时股票大部分在机构大户手中，别人无法打压股价。

圆弧形态具有如下特征：①形态完成、股价反转后，行情多属爆发性，涨跌急速，持续时间也不长，一般是一口气走完，其间极少出现回档或反弹。因此，形态确信后应立即顺势而为，以免踏空、套牢。②在圆弧顶或圆弧底形态的形成过程中，成交量的变化都是两头多、中间少。越靠近顶或底成交量越少，到达顶或底时成交量达到最少。在突破后的一段，都有相当大的成交量。③圆弧形态形成所花的时间越长，今后反转的力度就越强，越值得人们去相信这个圆弧形。一般来说，应该与一个头肩形态形成的时间相当。

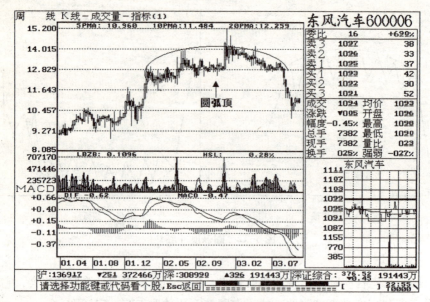

图 6-13 圆弧顶实战案例

说明：东风汽车（600006）2003 年 3~8 月的周 K 线图，可以看出，在此期间该股价格形成了一个圆弧顶形态，之后是大幅度地下降。

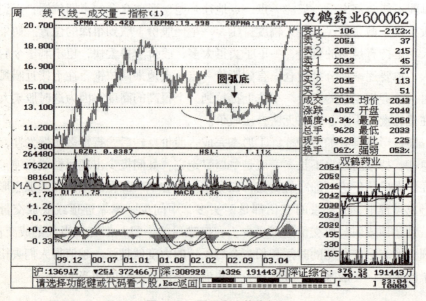

图 6-14 圆弧底实战案例

说明：2002 年 7 月至 2003 年 3 月的双鹤药业（600062）周 K 线图上形成了一个明显的圆弧底。价格在经历了从 13 元下降到 11 元的过程后，形成了一个较大的圆弧底。之后的上升是巨大的。

第六节　反三角形与菱形形态

一、反三角形（喇叭形）

喇叭形也是一种重要的反转形态。它大多出现在顶部，是一种较可靠的看跌形态。更为可贵的是，喇叭形在形态完成后，几乎总是下跌，不存在突破是否成立的问题。这种形态在实际中出现的次数不多，但是一旦出现，则极为有用。

喇叭形的正确名称应该是扩大形或增大形。因为这种形态酷似一个喇叭，故得名。图 6-15 是喇叭形的图形表示。

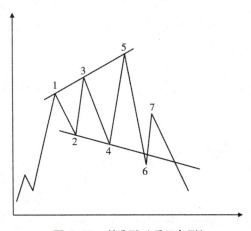

图 6-15　喇叭形（反三角形）

喇叭形态的形成往往是由于投资者的冲动情绪造成的，通常在长期性上升的最后阶段出现。这是一个缺乏理性的市场，投资者受到市场炽热的投机气氛或市场传闻的感染，很容易追涨杀跌。这种冲动而杂乱无章的行市，使得股价不正常地大起大落，形成巨幅震荡的行情，继而在震荡中完成形态的反转。

从图中看出，由于股价波动的幅度越来越大，形成了越来越高的三个高点以及越来越低的两个低点。这说明当时的交易异常地活跃，成交量日益放大，市场已失去控制，完全由参与交易的公众的情绪决定。在这个混乱的时候进入证券市场是很危险的，进行交易也十分困难。在经过了剧烈的动荡后，人们的情绪会渐渐平静，远离这个市场，股价将逐步地往下运行。

一个标准的喇叭形态应该有三个高点和两个低点。股票投资者应该在第三峰（图6-15中的5）掉头向下时就抛出手中的股票，这在大多数情况下是正确的。如果股价进一步跌破了第二个谷（图6-15中的4），则喇叭形完全得到确认，抛出股票更成为必然。

股价在喇叭形之后的下调过程中，肯定会遇到反扑，而且反扑的力度会相当大，这是喇叭形的特殊性。但是，只要反扑高度不超过下跌高度的一半（图6-15中的7），股价下跌的势头还是应该继续的。

喇叭形态具有如下特征：①喇叭形一般是一种下跌形态，暗示升势将到尽头，只有在少数情况下股价在高成交量配合下向上突破时，才会改变其分析意义；②在成交量方面，整个喇叭形态形成期间都会保持不规则的大成交量，否则难以构成该形态；③喇叭形走势的跌幅是不可量度的，一般来说，跌幅都会很大；④喇叭形源于投资者的非理性，因而在投资意愿不强、气氛低沉的市道中，不可能形成该形态。

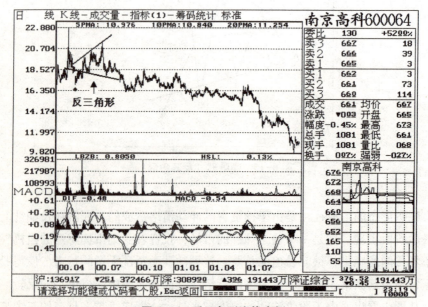

图6-16　反三角形实战案例

说明：2000年6~8月南京高科（600064）日线图上出现了一个较明显的反三角形态。当时市场气氛仍然火爆，多数人还买入，预期再创新高，可惜此股从此即转头向下，这时形态已经形成，如能及时发现、及时出货则不仅能避免长期套牢之苦，解出的资金日后还大有赚钱余地。

二、菱形

菱形一般出现在顶部，出现在底部或中途的极少。图形特点是左边一个反三角形、右边一个对称三角形，两者组织而成菱形形态。

菱形形态具有如下特征：①菱形形态的成交量在左边的反三角形形成时呈现不规则变化，在右边对称三角形形成时是从左向右递减的，突破时成交量放大；②菱形的未来发展方向一般是下跌，其他情况出现概率较小；③股价未来下跌幅度极大。

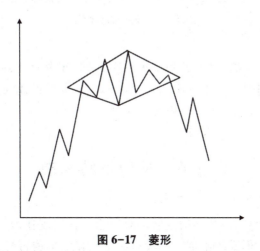

图 6-17　菱形

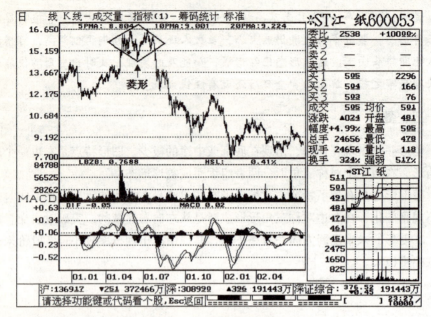

图 6-18　菱形实战案例

说明：从*ST 江纸（600053）2001 年 5～7 月底的日线图中可以看到，2001 年 5 月后，图形形成了一个大的喇叭形，之后缓慢波动，在 7 月完成菱形所需要的对称三角形，之后是长期的下跌。

第七节　V 形反转形态

V 形走势是一种很难预测的反转形态，它往往出现在市场剧烈的波动中。无论 V 形顶还是 V 形底的出现，都没有一个明显的形成过程，这一点同其他反转形态有较大的区别，因此往往让投资者感到突如其来甚至难以置信。图 6-19 是 V 形底和 V 形顶的简单图示。

一般的反转形态，都有一个较为明确的步骤：首先，原来的走势趋缓，市场多空双方的力量渐趋均衡；其次，价格也由先前的走势转为横向徘徊；最后，多空力量的对比发生改变，走势发生逆转，股价反向而行。但 V 形走势却迥然不同，它没有中间那段过渡性的横盘过程，其关键转向过程仅 2～3 个交易日，有时甚至在 1 个交易日内完成整个转向过程。

就沪、深证券市场而言，V形反转同突发利好消息的出现有密切关系。上海证券市场最明显的V形反转的例子是1994年8月1日从低谷325点的反转。

V形走势的一个重要特征是在转势点必须有大成交量的配合，且成交量在图形上形成倒V形。若没有大成交量，则V形走势不宜信赖。

V形是一种失控的形态，在应用时要特别小心。

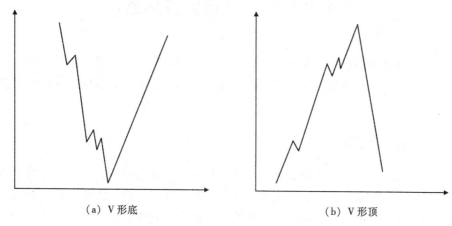

（a）V形底   （b）V形顶

图 6-19   V形

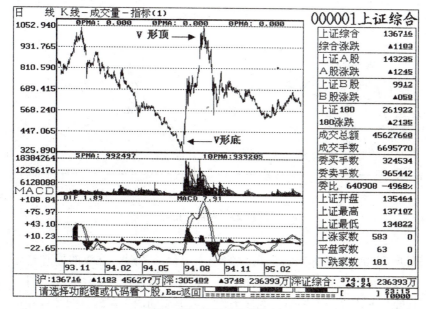

图 6-20   V形底实战案例

说明：1994 年初至 1994 年 9 月的上证指数日线图上是一个醒目的 V 形底形态。在下跌过程中连续出现跳空缺口，反转的发生正是由于突发事件——国务院、证监会关于股市建设的四大利好政策突然公布造成的。仅用了 5 天就一举收复了数个月的下跌幅度，可见此形态之快速。

第八节　三角形整理形态

三角形整理形态主要分为对称三角形、上升三角形和下降三角形三种。第一种有时也称正三角形，后两种合称直角三角形。以下我们分别对这三种形态进行介绍。

一、对称三角形

对称三角形情况大多是发生在一个大趋势进行的途中，它表示原有的趋势暂时处于休整阶段，之后还要随着原趋势的方向继续行动。由此可见，见到对称三角形后，股价今后走向最大的可能是沿原有的趋势方向运动。

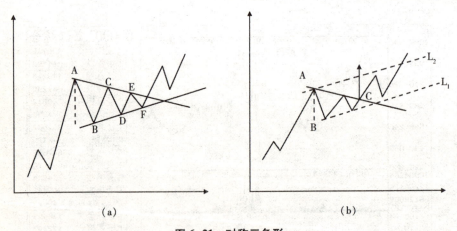

（a）　　　　　　　　　　（b）

图 6-21　对称三角形

图 6-21 的（a）是对称三角形的一个简化的图形，这里的原有趋势是上升，所以三角形完成以后是突破向上。从图中可以看出，对称三角形有两条聚拢的直线，上面的向下倾斜，起压力作用；下面的向上倾斜，起支撑作用。两

直线的交点称为顶点。正如趋势线的确认要求第三点验证一样，对称三角形一般应有 6 个转折点（如图中的 A、B、C、D、E、F 各点）。这样，上下两条直线的支撑压力作用才能得到验证。

对称三角形只是原有趋势运动途中的休整状态，所以持续的时间不会太长。持续时间太长，保持原有趋势的能力就会下降。一般来说，突破上下两条直线的包围，继续原有既定方向的时间要尽量早，越靠近三角形的顶点，三角形的各种功能就越不明显，对投资的指导意义就越不强。根据经验，突破的位置一般应在三角形的横向宽度的 1/2～3/4 的某个位置。三角形的横向宽度指三角形的顶点到底的高度，如图 6-21 中的虚线所示。不过这里有个大前提，必须认定股价一定要突破这个三角形。前面已经说过了，如果股价不在预定的位置突破三角形，那么这个对称三角形态可能会转化成别的形态。

对称三角形的突破也有真假的问题，方法与前述的类似，可采用百分比原则、日数原则或收盘原则等确认。这里要注意的是，对称三角形的成交量因越来越小的股价波动而递减，而向上突破需要大成交量配合，向下突破则不需要。没有成交量的配合，很难判断突破的真假。

对称三角形被突破后，也有测算功能。这里介绍两种测算价位的方法。以原有的趋势上升为例：

方法一：如图 6-21（b）所示，从 C 点向上带箭头直线的高度，是未来股价至少要达到的高度。箭头直线长度与 AB 连线长度相等。AB 连线的长度称为对称三角形的高度。

从突破点算起，股价至少要运动到与形态高度相等的距离。

方法二：如图 6-21（b）所示，过 A 点做平行于下边 L_1 的平行线 L_2，它是股价今后至少要达到的位置。

从几何学上可以证明，用这两种方法得到的两个价位绝大多数情况下是不相等的。前者给出的是个固定的数字，后者给出的是个不断变动的数字，达到虚线的时间越迟，价位就越高。这条虚线实际上是一条轨道线。

方法一简单，易于操作和使用；方法二更多的是从轨道线方面考虑的。

此外，虽然对称三角形一般是整理形态，但有时也可能在顶部或底部出现而导致大势反转，这是三角形形态在实际应用时要注意的问题。

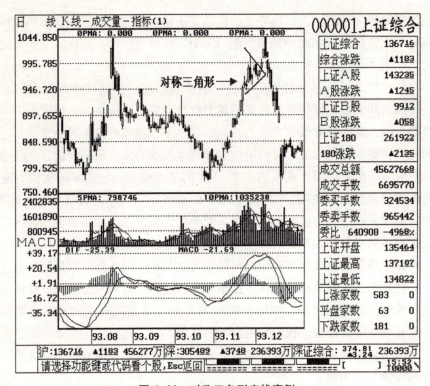

图 6-22 对称三角形实战案例

说明：1993 年 11 月下旬，上证指数经过数周连续上涨后显露疲态，回档945 点后冲高 1011 点，又回落至 956 点，再次上升至 993 点，形成对称三角形走势，顶点位于 972 点，在运行至距顶点约 1/6 处才冲破上边，所以虽然向上突破但力度不大，只走到 1044 点。上涨幅度正好等于对称三角形左边从 1011点至 950 点为准的最小涨幅。

二、上升三角形

上升三角形是对称三角形的变形。两类三角形的下方支撑线同是向上发展，不同的是上升三角形的上方阻力线并非是向下倾斜的，而是一条水平直线。

我们知道，上边的直线起压力作用，下面的直线起支撑作用。在对称三角形中，压力和支撑都是逐步加强的。一方是越压越低，另一方是越撑越高，看不出谁强谁弱。在上升三角形中就不同了，压力是水平的，始终都是一样，没有变化，而支撑都是越撑越高。由此可见，上升三角形与对称三角形相比，有更强烈的上升意识，多方比空方更为积极。通常以三角形的向上突破作为这个持续过程终止的标志。

如果股价原有的趋势是向上，遇到上升三角形后，几乎可以肯定今后是向上突破。一方面要保持原有的趋势；另一方面形态本身就有向上的愿望。这两方面的因素使股价逆大方向而动的可能性很小。

如果原有的趋势是下降，出现上升三角形后，则前后股价的趋势判断起来有些难度。一方要继续下降，保持原有的趋势；另一方要上涨，两方必然发生争执。如果在下降趋势处于末期时（下降趋势持续了相当一段时间），出现上升三角形还是以看涨为主，这样上升三角形就成了反转形态的底部。

通常，上升三角形在突破顶部的阻力线时，必须有大成交量的配合，否则为假突破。突破后的升幅量度方法与对称三角形相同。图 6-23 是上升三角形的简单图形表示以及测算的方法。

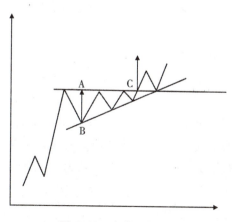

图 6-23　上升三角形

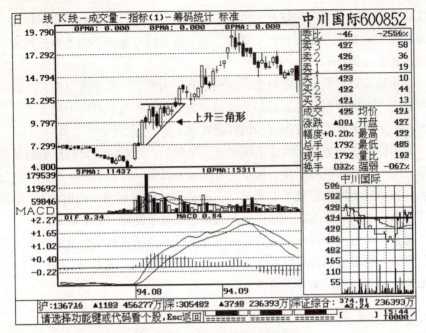

图 6-24　上升三角形实战案例

说明：1994年8月1~17日，中川国际（600852）在上证指数盘整之时走出了上升三角形形态。它的 K 线图上 5 次高点分别落在 11.65 元、11.65 元、11.7 元、11.6 元和 11.52 元处，构成以 11.62 元为水平线的上边（参考后边形态综合分析中形态的辨认一段），又以三个低点 7.29 元、9.05 元和 10.58元构成向右上倾斜的下边。在 8 月 16 日向上突破并在当天完成回档，最终于9 月 6 日达到 19.79 元的天价。如果抓住出现上升三角形的机会进货，则获利可观。

三、下降三角形

下降三角形同上升三角形正好反向，是看跌的形态。它的基本内容同上升三角形可以说完全相似，只是方向相反。这里要注意的是：下降三角形的成交量一直十分低沉，突破时不必有大成交量配合。此外，如果股价原有的趋势是向上的，则遇到下降三角形后，趋势的判断有一定的难度；但如果在上升趋势的末期，出现下降三角形后，可以看成是反转形态的顶部。图 6-25 是下降三角形的简单图形。

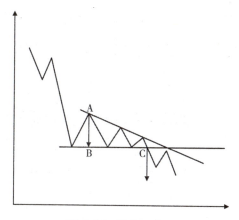

图 6-25　下降三角形

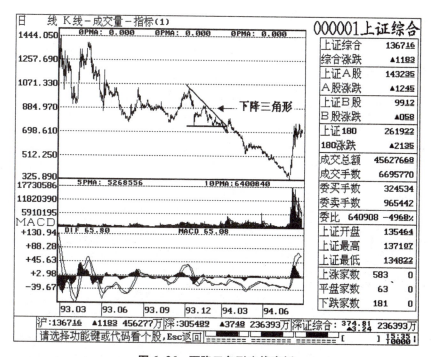

图 6-26　下降三角形实战案例

　　说明：1993 年 12 月至 1994 年 3 月的上证指数日线图上出现一个以 750 点为下边的下降三角形形态。长达 4 个月构成的较大图形决定了后面数月的下跌趋势，并于 3 月初向下突破 750 点的所谓"政策底"。尽管管理层出于好意打出"四不"救市政策的王牌，但仅仅造成一个超出理论标准的反弹，最终市场仍按其固有规律向下运行，可见无论什么"政策底"都抵不过市场经济规律这个"底"。

第九节　旗形、楔形和矩形整理形态

旗形和楔形是两个著名的持续整理形态。在股票价格的曲线图上，这两种形态出现的频率很高，一段上升或下跌行情的中途，可能出现好几次这样的图形。它们都是一个趋势的中途休整过程，休整之后，还要保持原来的趋势方向。这两个形态的特殊之处在于，它们都有明确的形态方向，如向上或向下，并且形态方向与原有的趋势方向相反。例如，如果原有的趋势方向是上升，则这两种形态的方向就是下降。

一、旗形

从几何学的观点看，旗形应该叫平行四边形，它的形状是一上倾或下倾的平行四边形。如图 6-27 所示。

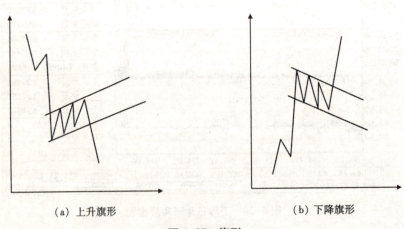

（a）上升旗形　　　　　　　　　　（b）下降旗形

图 6-27　旗形

旗形大多发生在市场极度活跃、股价运动近乎直线上升或下降的情况下。在市场急速而又大幅度的波动中，股价经过一连串紧密的短期波动后，形成一个稍微与原来趋势呈相反方向倾斜的长方形，这就是旗形走势。旗形走势的形状就如同一面挂在旗杆顶上的旗帜，故此得名。它又可分为上升旗形（如图6-27（a））和下降旗形（如图6-27（b））两种。

旗形的上下两条平行线起着压力和支撑作用，这一点有些像轨道线。这两条平行线的某一条被突破是旗形完成的标志。

旗形也有测算功能。旗形的形态高度是平行四边形左右两条边的长度。旗形被突破后，股价将至少要走到形态高度的距离，大多数情况是走到旗杆高度的距离。

应用旗形时，有几点要注意：①旗形出现之前，一般应有一个旗杆，这是由于价格作直线运动形成的。②旗形持续的时间不能太长，时间一长，保持原来趋势的能力将下降。经验告诉我们，持续时间应该短于3周。③旗形形成之前和被突破之后，成交量都很大。在旗形的形成过程中，成交量从左向右逐渐减少。

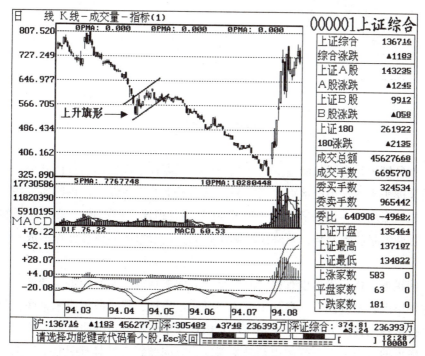

图6-28 上升旗形实战案例

125

说明：1994年4~5月，上证指数图上出现一个上升旗形走势，之后经过了长时间盘整终告下跌。这一实例说明此形态的作用，同时也说明有些书中所讲此形态一旦被突破会以很陡的向下方向直线式下跌的说法是不准确的，它仍然可以有很多变化，比如像此例中经过长时间盘整后才展开下跌。

二、楔形

如果将旗形中上倾或下倾的平行四边形变成上倾或下倾的三角形，就会得到楔形，如图6-29所示。楔形可分为上升楔形和下降楔形两种。

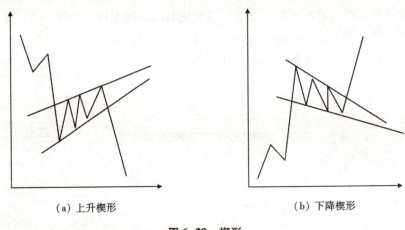

（a）上升楔形　　　　　　　　　　（b）下降楔形

图6-29　楔形

上升楔形是指股价经过一次下跌后产生强烈技术性反弹，价格升至一定水平后又掉头下落，但回落点比前次高，然后又上升至新高点，再回落，在总体上形成一浪高于一浪的势头。如果把短期高点相连，则形成一条向上倾斜直线，且两者呈收敛之势；下降楔形则正好相反，股价的高点和低点形成一浪低于一浪之势。

同旗形一样，楔形也有保持原有趋势方向的功能。原有趋势延伸途中会遇到这种形态。上升楔形常在跌市中的回升阶段出现，显示股价尚未见底，只是一个技术性反弹渐升渐弱。下降楔形常出现于中长期升市的回落调整阶段。

楔形的三角形上下两条边都是朝着同一方向倾斜，且具有明显的倾向。这是该形态与前面三角形整理形态的不同之处。

与旗形和三角形稍微不同的地方是：楔形偶尔出现在顶部或底部而作为反

转形态。这种情况一定是发生在一个趋势经过了很长时间、接近于尾声的时候。

在楔形形成过程中，成交量渐次减少；在楔形形成之前和被突破之后，成交量一般都很大。

与旗形的另一个不同是，楔形形成所花费的时间较长，一般需要 2 周以上的时间方可完成。

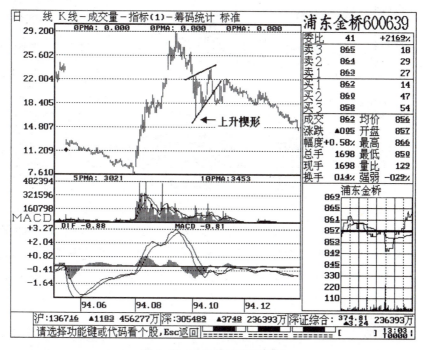

图 6-30 上升楔形实战案例

说明：1994 年 10 月 25 日至 11 月 23 日的浦东金桥（600639），在下跌之后出现一段上涨行情，到底是小反弹还是反转呢？不少投资者在不明就里的情况下盲目追高，终被套牢。从形态分析可以看出这是一段上升楔形走势，说明未来走势下跌可能极大，明白这一图形理论之后自然会在股价突破上升楔形的下边时出货，不但不会受损还能小有收获。

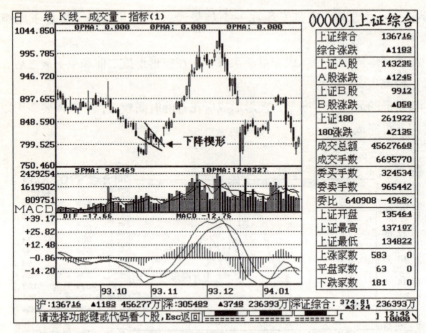

图6-31 下降楔形实战案例

说明：1993年10月底至11月初的上证指数图出现了一段下降楔形的形态。如果熟知形态分析，看到此形后及时建仓，即可在800点附近介入，直至1044点，约200点（25%）的高额利润在此大熊市中仍可获得，可见股市收益情况。

三、矩形

矩形又叫箱形，也是一种典型的整理形态，股票价格在两条横着的水平直线之间上下波动，作横向延伸的运动。

矩形在形成之初，多空双方全力投入，各不相让。空方在价格涨到某个位置就抛压，多方在股价下跌到某个价位就买入，时间一长就形成两条明显的上下界线。随着时间的推移，双方的战斗热情会逐步减弱，成交量减少，市场趋于平淡。

如果原来的趋势是上升，那么经过一段矩形整理后，会继续原来的趋势，多方会占优势并采取主动，使股价向上突破矩形的上界；如果原来是下降趋势，则空方会采取行动，突破矩形的下界。图6-32是矩形的简单图示。

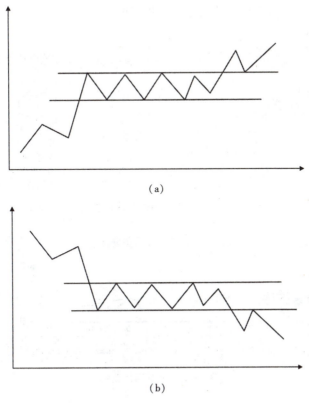

（a）

（b）

图 6-32 矩形

从图 6-32 中可以看出，矩形在其形成的过程中极可能演变成三重顶（底）形态，这是我们应该注意的。正是由于矩形的判断有这么一个容易出错的可能性，在面对矩形和三重顶（底）进行操作时，几乎一定要等到突破之后才能采取行动，因为这两个形态今后的走势方向完全相反。一个是持续整理形态，要维持原来的趋势；一个是反转突破形态，要改变原来的趋势。

矩形的突破也有一个确认的问题。当股价向上突破时，必须有大成交量的配合方可确认，而向下突破则不必有成交量增加；当矩形突破后，其涨跌幅度通常等于矩形本身宽度，这是矩形形态的测算功能。面对突破后股价的反扑，矩形的上下界线同样具有阻止反扑的作用。

与别的大部分形态不同，矩形为我们提供了一些短线操作的机会。如果在矩形形成的早期能够预计到股价将进行矩形调整，那么，就可以在矩形的下界线附近买入，在上界线附近抛出，来回做几次短线的进出。如果矩形的上下界线相距较远，那么这样短线的收益也是相当可观的。

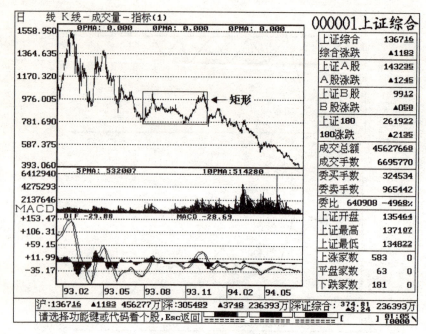

图 6-33　矩形实战案例

说明：1993 年 7~12 月的上证指数日线图出现了一个明显的矩形形态，根据形态分析理论，其后的发展方向应继续原有趋势——下跌。有些人士还在期待着上涨，可事实无情地打破了这种天真的幻想。下跌幅度远大于矩形本身的高度：1045-777=268，下跌幅度：777-325=452，这接近于矩形以上的下跌距离：1558-1044=514，幅度极深。

第十节　缺口与岛形反转

一、缺口

缺口就是没有交易的范围，即某一 K 线的最低价比前一 K 线的最高价还要高，或某一 K 线的最高价比前一 K 线的最低价还要低，使 K 线图上出现跳空的现象，如图 6-34 所示。缺口分为普通缺口、突破缺口、继续缺口和竭尽缺口四种，缺口类型实战图如图 6-37 所示。

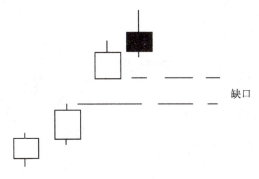

图 6-34　缺口

1. 普通缺口

普通缺口就是股价在盘整期间出现的缺口，缺口出现后并未使股价脱离盘局形态上升或下降，股价短期内仍处于盘局，缺口也在短期内被封闭（见图 6-35）。

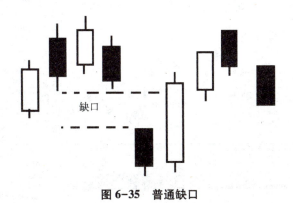

图 6-35　普通缺口

2. 突破缺口

当形态完成后，K 线以缺口跳空上升或下降远离形态，突破盘局，表示真正的突破已经形成，行情将顺着原来的趋势运行下去。股价向形态上端突破，盘整区域和缺口便成为将来回档的支撑区，股价将有一段上升行情，是买进时机；股价向形态下端突破，盘整区域和缺口就成为将来反弹或上升的阻力区，股价将继续下跌，是卖出时机。突破缺口越大，表示将来的股价变动越强烈。股价向形态下端突破，并不需要大成交量的配合。此外，突破缺口在短期内是不被封闭的（见图6-36）。

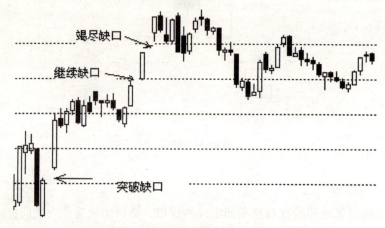

图 6-36　缺口类型

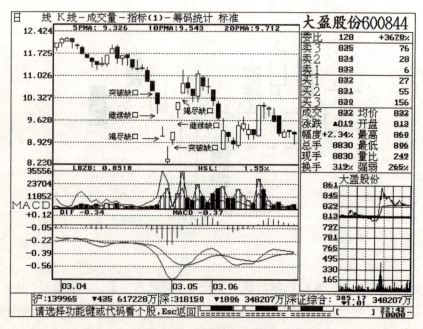

图 6-37　缺口类型实战图

3. 继续缺口

继续缺口又称持续缺口、中段缺口和测量缺口，通常是在股价突破形态上升或下跌远离形态而至下一个整理或反转形态的中途出现的缺口，它具有加速股价上升或下跌的作用，表示股价运行维持原先的趋势。由于继续缺口通常出现在股价变动的中点，因此，根据此种缺口可以大约地预测股价未来的上升或下跌距离。需要注意的是，在上升或下跌行情中，有时可能出现两次或两次以上的继续缺口，每次继续缺口的出现，都说明股价跳空的行情有加强原先趋势的力量（见图6-36）。

4. 竭尽缺口

竭尽缺口出现在上升行情或下跌行情的尾声，是长期上升或下跌行情将结束的信号，股价将进入整理或反转阶段，如图6-36所示。

上升趋势中缺口发生的当日或次日，成交量比以前交易日成交量显得特别庞大，而预期将来一段时间内不可能出现比此更大的成交量或维持此成交量水平，极可能是竭尽缺口。如果缺口出现后的次日行情有反转情形而收盘价停在缺口边缘，就更加肯定是竭尽缺口。同样，下跌行情结束前，出现向下跳空的缺口，成交量萎缩，此缺口也是竭尽缺口。

二、岛形反转

岛形反转是在上升或下降行情尾声形成竭尽缺口后，股价继续朝相同方向运行，经过一星期或更长时间完成头部或底部形态后，开始朝相反方向移动，而在先前竭尽缺口价位处再度跳空形成突破缺口反转下跌或上升。由于两个缺口大约在相同价位发生，而整个盘档密集区在图形上看起来就像是孤立的小岛，因此称为岛形反转，如图6-38所示。岛形反转的出现，股价的下跌或上升是相当急剧的，岛型反转实战图如图6-39所示。

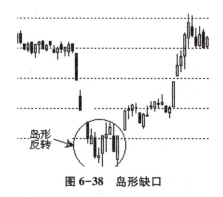

图 6-38　岛形缺口

图 6-39　岛形反转实战图

三、应用形态理论应该注意的问题

形态分析是较早得到应用的方法，相对比较成熟。尽管如此，也有正确使用的问题。一方面，站在不同的角度，对同一形态可能产生不同的解释。例如，头肩形是反转形态，但有时从更大的范围去观察，则有可能成为中途持续形态。另一方面，进行实际操作时，形态理论要求形态完全明朗才能行动，从某种意义上讲，有错过机会的可能。此外，同其他技术方法一样，不能把形态理论当成万能的工具，更不应将其作为金科玉律，形态分析得出的结论仅是一种参考。

➡ 思考题

（1）什么叫形态分析及其分类？

（2）反转突破形态包括哪些形态？

（3）持续整理形态包括哪些形态？

（4）头肩形态怎么处理？

（5）三角形态怎么处理？

（6）什么叫缺口及其分类？

第七章 支撑压力理论

第一节 趋 势

一、趋势的概念

趋势指股价运行的总体方向，或者说是证券市场运动的方向。股价分析就是对市场趋势的分析。技术分析的第二个假设明确说明价格的变化是有趋势的，说明趋势在技术分析中占有很重要的地位。

趋势的运行发展不是直线式的，而是一个曲折发展、不断反复的过程。如上升趋势指一个总体向上的趋势，但它却包含了"涨、跌、涨、跌、涨"的多个小趋势，只是在上升趋势中下跌幅度总和小于上涨幅度总和，每次下跌仅仅是上涨过程中的小插曲，即回档，上涨是主要方向。下降趋势则指一个总体向下运行的趋势，包含了"跌、涨、跌、涨、跌"的多个小趋势，上涨幅度总和小于下跌幅度总和，每次上涨仅是下跌过程的插曲，即反弹，下跌是主要方向。所以，市场变动不是向一个方向直来直去，从波峰和波谷的相对高度可以判断趋势的方向。

二、趋势的方向

趋势的方向有上升方向、下降方向、水平方向（无趋势方向）三类，如图7-1、图7-2所示。

（1）上升方向。如果在股价走势图中每个后面的峰和谷都高于前面的峰和谷，则趋势就是上升方向。这就是常说的一底比一底高或底部抬高。

（2）下降方向。如果在股价图中每个后面的峰和谷都低于前面的峰和谷，则趋势就是下降方向。这就是常说的一顶比一顶低或顶部降低。

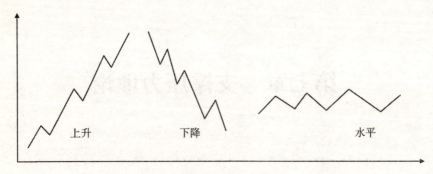

图 7-1　趋势

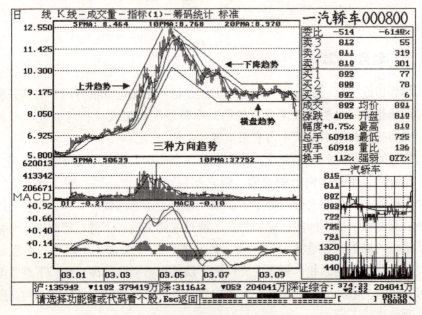

图 7-2　趋势实战案例

（3）水平方向（无趋势方向）。如果在股价走势图中后面的峰和谷与前面的峰和谷相比，没有明显的高低之分，几乎呈水平延伸，这时的趋势就是水平方向。水平方向趋势是被大多数人忽视的一种方向，这种方向在市场上出现的机会是相当多的。就水平方向本身而言，也是极为重要的。大多数的技术分析方法，在对处于水平方向的市场进行分析时，都容易出错，或者说作用不大。这是因为这时的市场正处在供需平衡的状态，股价下一步朝哪个方向走是没有规律可循的，可以向上也可以向下，而对这样的对象去预测它朝何方运动是极

136

为困难的，随机漫步理论正反映了此种情况。

三、趋势的类型

趋势分大趋势和小趋势，大趋势运行的时间长、幅度大；小趋势运行的时间短、幅度小；大趋势包含并决定小趋势。按趋势的规模大小分为主要趋势、次要趋势和短暂趋势三类。

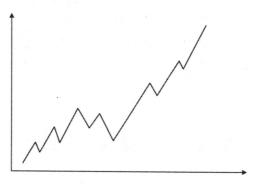

图 7-3　趋势的类型

按道氏理论的分类，趋势分为三个类型，如图 7-4 所示。

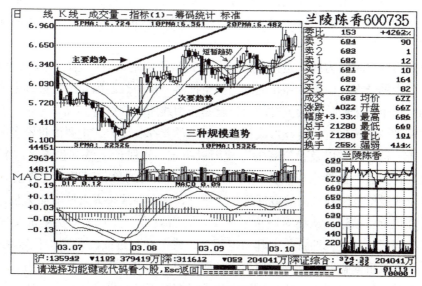

图 7-4　趋势类型

（1）主要趋势。主要趋势是趋势的主要方向，对股票投资者极其重要。掌握了主要趋势，才能做到顺势而为而不是逆市而动。主要趋势是股价波动的大方向，一般持续的时间比较长（这是技术分析第二大假设所决定的）。

（2）次要趋势。次要趋势是在主要趋势过程中进行的调整。由于趋势不会是直来直去的，总有个局部的调整和回撤，次要趋势是长期上升趋势中的下跌调整阶段。

（3）短暂趋势。短暂趋势是在次要趋势中进行的调整。短暂趋势与次要趋势的关系就如同次要趋势与主要趋势的关系一样。

这三种类型的趋势最大的区别是时间的长短和波动幅度的大小。主要趋势持续时间最长、波动幅度最大；次要趋势次之；短期趋势持续时间最短、波动幅度最小。

第二节　支撑线和压力线

一、支撑线和压力线的含义

支撑线又称抵抗线，是指当股价下跌到某个价位附近时，会出现买方增加、卖方减少的情况，从而使股价停止下跌，甚至有可能回升。支撑线起阻止股价继续下跌的作用。这个起着阻止股价继续下跌的价格就是支撑线所在的位置。

压力线又称阻力线，是指当股价上涨到某价位附近时，会出现卖方增加、买方减少的情况，股价会停止上涨，甚至回落。压力线起阻止股价继续上升的作用。这个阻止股价继续上升的价位就是压力线所在的位置。

在某一价位附近之所以形成对股价运动的支撑和压力，主要由投资者的筹码分布、持有成本以及投资者的心理因素决定。当股价下跌到投资者（特别是机构投资者）的持仓成本价位附近或股价从较高的价位下跌一定程度（如50%）或股价下跌到过去的最低价位区域时，都会导致买方大量增加买盘，使股价在该价位站稳，从而对股价形成支撑。当股价上升到某一历史成交密集区，或当股价从较低的价位上升一定程度，或上升到过去的最高价位区域时，会导致大量解套盘和获利盘的抛出，从而对股价的进一步上升形成压力。

有些人往往会产生这样的误解，认为只有在下跌行情中才有支撑线，只有在上升行情中才有压力线。其实，在下跌行情中也有压力线，在上升行情中也有支撑线。但是由于在下跌行情中人们最注重的是跌到什么地方，这样关心支撑线就多一些；在上升行情中人们更注重涨到什么地方，所以关心压力线多一些。

二、支撑线和压力线的作用

如前所述，支撑线和压力线的作用是阻止或暂时阻止股价朝一个方向继续运动。我们知道股价的变动是有趋势的，要维持这种趋势，保持原来的变动方向，就必须冲破阻止其继续向前的障碍。比如，要维持下跌行情，就必须突破支撑线的阻力和干扰，创造出新的低点；要维持上升行情，就必须突破上升压力线的阻力和干扰，创造出新的高点。由此可见，支撑线和压力线有被突破的可能，它们不足以长久地阻止股价保持原来的变动方向，只不过是使它暂时停顿而已，如图 7-5 所示。

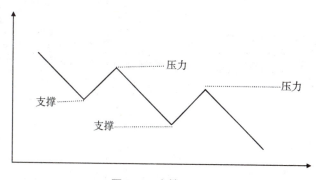

图 7-5　支撑和压力

同时，支撑线和压力线又有彻底阻止股价按原方向变动的可能。当一个趋势终结了，它就不可能创出新的低价或新的高价，这时的支撑线和压力线就显得异常重要。

在上升趋势中，如果下一次未创新高，即未突破压力线，这个上升趋势就已经处在很关键的位置了，如果往后的股价又向下突破了这个上升趋势的支撑线，这就产生了一个趋势有变的很强烈的警告信号。这通常意味着这一轮上升趋势已经结束，下一步的走向是下跌。同样，在下降趋势中，如果下一次未创新低，即未突破支撑线，这个下降趋势就已经处于很关键的位置；如果下一步股价向上突破了这次下降趋势的压力线，这就发出了这个下降趋势将要结束的强烈信号，股价的下一步将是上升的趋势，如图 7-6、图 7-7 所示。

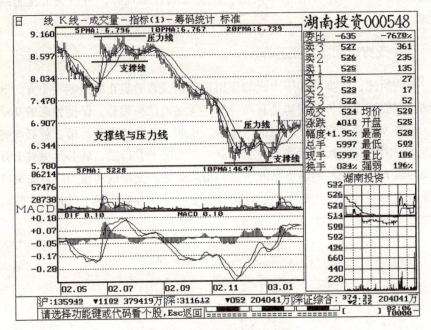

图 7-6　支撑线和压力线应用

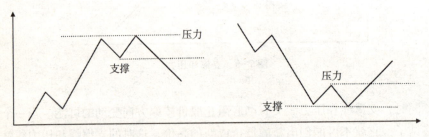

图 7-7　支撑线和压力线

三、支撑线和压力线的相互转化

支撑线和压力线之所以能起支撑和压力作用，两者之间之所以能相互转化，在很大程度上是由于心理因素方面的原因，这也是支撑线和压力线理论上的依据。

证券市场中主要有多头、空头和旁观者三种人。旁观者又可分为持股的和持币的。假设股价在上一个区域停留了一段时间后突破压力区域开始向上移动，在此区域买入股票的多头们肯定认为自己对了，并对自己没有多买入些股票而感到后悔。在该区域卖出股票的空头们这时也认识到自己弄错了，他们希望股价再跌回他们卖出的区域时，将他们原来卖出的股票补回来。而旁观者中的持股者的心情和多头相似，持币者的心情同空头相似。无论是这四种人中的哪一种，都有买入股票成为多头的愿望。这样，原来的压力线就转化为支撑线。

正是由于这四种人决定要在下一个买入的时机买入，所以股价稍一回落就会引起大家的关注，他们会或早或晚地进入股市买入股票，这就使价格根本还未下降到原来的位置，上述四种新的买进大军自然又会把价格推上去，使该区域成为支撑区。在该支撑区发生的交易越多，就说明很多的股票投资者在该支撑区有切身利益，该支撑区就越重要。

我们再假设股价在一个支撑位置获得支撑，停留了一段时间后突破支撑区域开始向下移动，此时，情况就截然相反。在该支撑区域买入的多头都意识到自己错了，而没有买入的或卖出的空头则意识到自己对了。买入股票的多头有抛出股票逃离目前市场的想法，而卖空的空头则想进一步抛空，待股价下跌伺机补回。一旦股价有些回升，尚未到达原来的支撑位，就会有一批股票抛压出来，再次将股价压低。这样，原来的支撑线就转化为压力线。

以上的分析过程对于压力线也同样适用，只不过结论正好相反。

可见，一条支撑线如果被跌破，那么这一支撑线将成为压力线；同理，一条压力线被突破，这条压力线将成为支撑线。这说明支撑线和压力线的地位不是一成不变的，而是可以改变的，条件是它被有效的、足够强大的股价变动突破，如图7-8、图7-9所示。

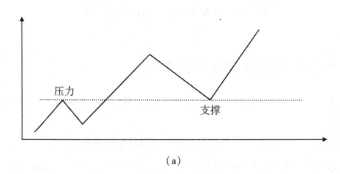

(a)

图7-8　支撑线和压力线的转换

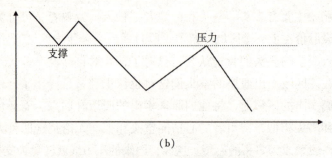

（b）

图7-8　支撑线和压力线的转换（续）

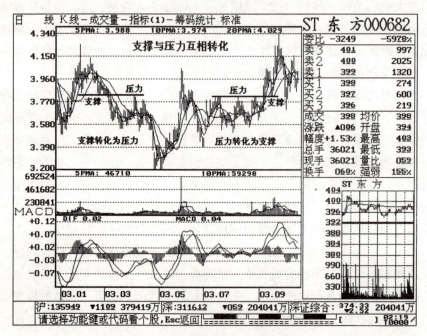

图7-9　支撑线和压力线的转换应用

四、支撑线和压力线的确认和修正

如前所述，每一条支撑线和压力线的确认都是人为进行的，主要根据股价变动所画出的图表。

一般来说，一条支撑线或压力线对当前影响的重要性有三个方面的考虑：一是股价在这个区域停留时间的长短；二是股价在这个区域伴随的成交量大小；三是这个支撑区域或压力区域发生的时间距离当前这个时期的远近。很显然，股价停留的时间越长，伴随的成交量越大，离现在越近，则这个支撑或压力区域对当前的影响就越大，反之就越小。

上述三个方面是确认支撑线或压力线的重要识别手段。有时，由于股价的变动，会发现原来确认的支撑线或压力线可能不真正具有支撑或压力的作用。比如，不完全符合上面所述的三个条件，这时就有一个对支撑线和压力线进行调整的问题，这就是支撑线和压力线的修正。

对支撑线和压力线的修正过程其实是对现有各条支撑线和压力线的重要性的确认。每条支撑线和压力线在人们心目中的地位是不同的。股价到了这个区域，投资者心里清楚，它很有可能被突破；而到了另一个区域，投资者心里明白，它就不容易被突破。这为进行买卖提供了一些依据，不至于仅凭直觉进行买卖决策。

从本质上说支撑和阻力是一回事，都是使趋势发展受到阻碍而暂时改变运行方向的价位区，这种阻碍作用可以向相反方向转化。突破则是指起阻碍作用的价位区的失效，有效突破的标志一般是日线图上连续两天突破或突破 3% 以上。

第三节　趋势线和轨道线

一、趋势线

1. 趋势线的含义

由于证券价格变化的趋势是有方向的，因而可以用直线将这种趋势表示出来，这样的直线称为趋势线。反映价格向上波动发展的趋势线称为上升趋势线；反映价格向下波动发展的趋势线称为下降趋势线。

由于股票价格的波动可分为长期趋势、中期趋势和短期趋势三种，因此，描述价格变动的趋势线也分为长期趋势线、中期趋势线与短期趋势线三种。

由于价格波动经常变化，可能由升转跌，也可能由跌转升，甚至在上升或下跌途中转换方向，因此，反映价格变动的趋势线不可能一成不变，而要随着价格波动的实际情况进行调整。换句话说，价格不论是上升还是下跌，在任一发展方向上的趋势线都不是只有一条，而是若干条。不同的趋势线反映了不同时期价格波动的实际走向，研究这些趋势线的变化方向和变化特征，就能把握住价格波动的方向和特征。

2. 趋势线的画法

连接一段时间内价格波动的高点或低点可画出一条趋势线。在上升趋势中，将两个低点连成一条直线，就得到上升趋势线；在下降趋势中，将两个高点连成一条直线，就得到下降趋势线，如图 7-10 中的直线 L。标准的趋势线必须由两个以上的高点或低点连接而成。

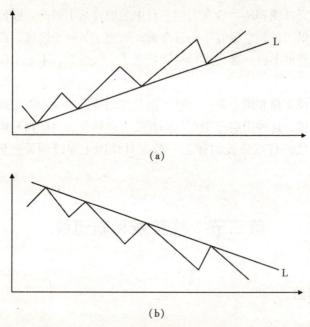

(a)

(b)

图 7-10　趋势线的画法

由图 7-10 中可看出，上升趋势线起支撑作用，是支撑线的一种；下降趋势线起压力作用，是压力线的一种。

从图上我们很容易画出趋势线，这并不意味着趋势线已经被我们掌握了。画出一条直线后，有很多问题需要我们去解答，最关键的问题是正确确定趋势线的高点或低点。然而，正确判断趋势线的高点或低点并不是一件十分简单的事情，它需要对过去价格波动的形态进行分析研究。根据两点决定一条直线的基本原理，画任何趋势线必然选择两个有决定意义的高点或低点。一般来说，上升趋势线的两个低点，应是两个反转低点，即下跌至某一低点开始回升，再下跌没有跌破前一低点又开始上升，则这两个低点就是两个反转低点。同理，决定下跌趋势线也需要两个反转高点，即上升至某一高点后开始下跌，回升未达前一高点又开始回跌，则这两个高点就是反转高点。

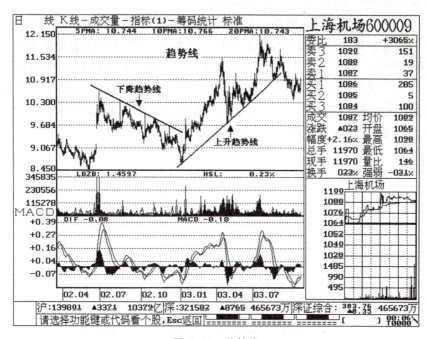

图 7-11　趋势线

在若干条上升趋势线和下跌趋势线中，最重要的是原始上升趋势线或原始下跌趋势线。其决定了价格波动的基本发展趋势，有着极其重要的意义。原始趋势线的最低点是由下跌行情转为上升行情的最低点，至少在 1 年中此价位没有再出现。例如，2003 年 1 月 3 日沪市的上海机场（600009）低点 8.65 元。原始趋势线的最高点是上升行情转为下跌行情的最高点，同样至少在 1 年中此价位没有再出现。例如，2005 年 4 月 7 日沪市的上海机场（600009）高点18.11 元。

3. 趋势线的确认及其作用

要得到一条真正起作用的趋势线，要经过多方面的验证才能最终确认，不合条件的一般应删除。首先，必须确实有趋势存在。也就是说，在上升趋势中，必须确认出两个依次上升的低点；在下降趋势中，必须确认出两个依次下降的高点，才能确认趋势的存在。其次，画出直线后，还应得到第三个点的验证才能确认这条趋势线是有效的。一般来说，所画出的直线被触及的次数越多，其作为趋势线的有效性越能得到确认，用它进行预测越准确有效。最后，这条直线延续的时间越长，越具有有效性。

一般来说，趋势线有两种作用：

（1）对价格今后的变动起约束作用，使价格总保持在这条趋势线的上方（上升趋势线）或下方（下降趋势线）。实际上，就是起支撑和压力的作用。

（2）趋势线被突破，说明股价下一步的走势将要反转。越重要、越有效的趋势线被突破，其转势的信号越强烈。被突破的趋势线原来所起的支撑和压力作用，现在将相互交换角色（见图7-12、图7-13）。

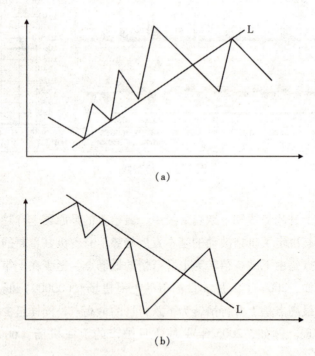

(a)

(b)

图 7-12　趋势线被突破后起相反作用

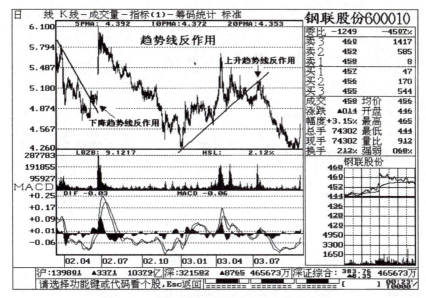

图 7-13　趋势线被突破后起相反作用的应用

二、轨道线

轨道线又称通道线或管道线，是基于趋势线的一种方法。在已经得到了趋势线后，通过第一个峰和谷可以做出这条趋势线的平行线，这条平行线就是轨道线，如图 7-14 中的虚线。图 7-15 为上升轨道线和下降轨道线的应用。

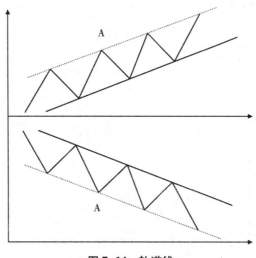

图 7-14　轨道线

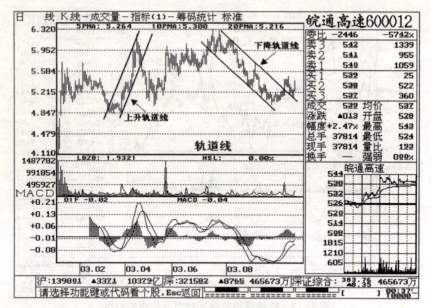

图 7-15　上升轨道线和下降轨道线的应用

　　两条平行线组成的一个轨道，就是常说的上升或下降轨道。轨道的作用是限制股价的变动范围，让它不能变得太离谱。一个轨道一旦得到确认，那么价格将在这个通道里变动。对上面或下面的直线的突破将意味着行情有一个大的变化。

　　与突破趋势线不同，对轨道线的突破并不是趋势反转的开始，而是趋势加速的开始，即原来的趋势线的斜率将会增加，趋势线的方向将会更加陡峭，图 7-16 为趋势加速示意图。图 7-17 为趋势加速应用。

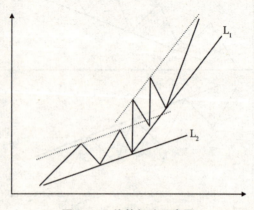

图 7-16　趋势加速示意图

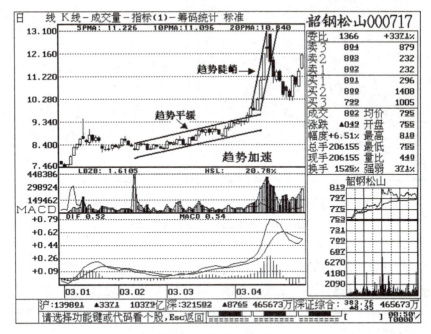

图 7-17 趋势加速应用

轨道线也有一个被确认的问题。一般而言，轨道线被触及的次数越多，延续的时间越长，其被认可的程度和重要性越高。

轨道线还有一个作用是提出趋势转向的警报。如果在一次波动中未触及轨道线，离得很远就开始掉头，这往往是趋势将要改变的信号，这说明市场已经没有力量继续维持原有的上升或下降的趋势了。

轨道线和趋势线是相互合作的一对。很显然，先有趋势线，后有轨道线。趋势线比轨道线重要。趋势线可以单独存在，而轨道线则不能单独存在。

第四节　扇形原理、速度线和甘氏线

不断地对突破的趋势线进行修正，得到越来越平缓的趋势线（图 7-18 中的 L_1、L_2 和 L_3），就是扇形线。扇形原理是：如果第 3 条趋势线被突破，趋势将反转。

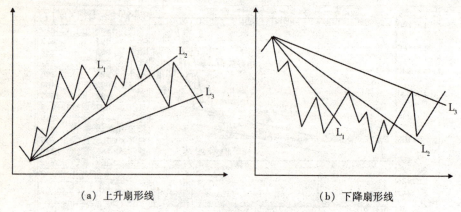

（a）上升扇形线　　　　　　　　　（b）下降扇形线

图 7-18　上升扇形线和下降扇形线

　　将高点和低点的垂直距离三等分，连接高点（或低点）与 1/3 分界点和 2/3 分界点，就是这两条速度线（见图 7-19）。出现新高或新低，则速度线将随之变动。如果突破 2/3 速度线，则试探 1/3 速度线；如果突破 1/3 速度线，则趋势反转。

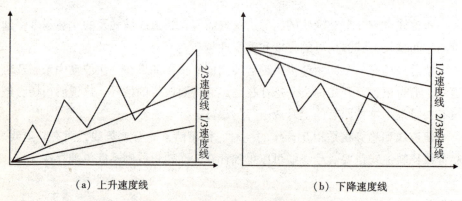

（a）上升速度线　　　　　　　　　（b）下降速度线

图 7-19　上升速度线和下降速度线

　　画甘氏线需要先选中一点，按角度画出多条直线。高（低）点画下降（上升）甘氏线。这些线将在未来起支撑和压力作用。图 7-20 中是上升情况下的甘氏线，角度在图中标出。每条直线都有支撑和压力的功能，最重要的是中间的 3 条。

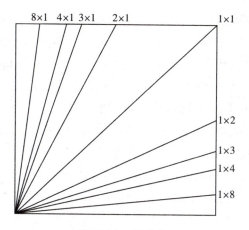

图 7-20　甘氏线

国外著名证券专家甘氏（W. D. Gann）在实践中提出一套甘氏理论，其要点是：把某段行情的最高点和最低点间均分为 8 等份，取其比例 1/8、1/4、3/8、1/2、5/8、3/4、7/8，再加 1/3、2/3 两个比例，共同组成甘氏百分比的数组，利用这些比例即可对行情进行研判（见数值分析部分）。

甘氏理论的创造性主要表现在利用甘氏角度线进行分析的方法，具体做法是：在以股价为纵坐标，以时间为横坐标的平面直角坐标系中，寻找股价的明显低点或明显高点，如果是低点则向右上方画角度线，如果是高点则向右下方画角度线。在坐标系中把时间和股价分成标准变动单位，纵横坐标的标准变动单位长度一致，即一单位时间和一单位股价在图上长度相等。

参照甘氏百分比数组画角度线，甘氏认为从明显高点或明显低点引出的角度线比较重要的有以下 9 条：

8 单位时间×1 单位股价（简为 8×1）= 7.5 度

4 单位时间×1 单位股价（简为 4×1）= 15 度

3 单位时间×1 单位股价（简为 3×1）= 18.25 度

2 单位时间×1 单位股价（简为 2×1）= 26.25 度

1 单位时间×1 单位股价（简为 1×1）= 45 度

1 单位时间×2 单位股价（简为 1×2）= 63.25 度

1 单位时间×3 单位股价（简为 1×3）= 71.25 度

1 单位时间×4 单位股价（简为 1×4）= 75 度

1 单位时间×8 单位股价（简为 1×8）= 82.5 度

在股价图上添加以上角度线后，即可进行分析。甘氏理论认为每一条角度线都可作为支撑或阻力，当股价由下而上接近一条角度线时会受到阻力，当股价由上而下接近一条角度线时会受到支撑。在上述 9 条角度线中，甘氏认为 1×1 线（45 度线）、1×2 线（63.25 度线）、2×1 线（26.25 度线）更重要，其中又以 45 度线（1×1 线）最重要。45 度线（1×1 线）表示时间变动一个单位，股价也变动一个单位，这是市场的一种动态平衡，如果上升趋势强烈，则股价轨迹应在 45 度线以上，上升趋势减弱，会跌破 45 度线，说明上升趋势可能转为下降趋势；如果下降趋势强烈，则股价轨迹应在 45 度线以下，下降趋势减缓，会突破 45 度线，说明下降趋势可能转为上升趋势。注意在上升趋势中应由低点向右上方引角度线，下降趋势中应由高点向右下方引角度线。特别是在由高、低点所引的两组角度线交叉处，其支撑或阻力的作用更强。在股价所引的两组角度线交叉处，其支撑或阻力的作用更强。当股价接近角度线时的价位符合甘氏百分比计算出的股价时，此点的作用也极强。

甘氏角度线也有其局限和不足，主要是角度分析的结果会由于人为设计的不同出现密度而呈现频繁交叉现象（见图 7-21），过多的点位选择结果往往使分析者无从选择，从而失去分析的本意，所以在使用中应特别注意。

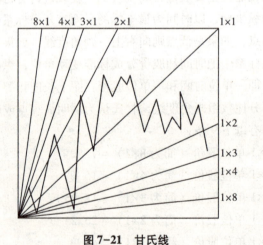

图 7-21 甘氏线

第五节 黄金分割线和百分比线

黄金分割线与百分比线是两类重要的切线，在实际中得到了广泛的应用。这两类线的共同特点是：它们都是水平的直线（其他的切线大多是斜的）。它们注重于支撑线和压力线的价位，而对什么时间达到这个价位不过多关心。很显然，斜的支撑线和压力线随着时间的向后移动，支撑位和压力位也在不断变化。对水平切线而言，每个支撑位或压力位相对而言是固定的。为了弥补它们在时间上考虑的不周，在应用时，往往画多条支撑线或压力线，并通过分析，最终确定一条支撑线或压力线。这条保留下来的切线具有一般支撑线或压力线的全部特征和作用，对今后的股价预测有一定的帮助。

一、黄金分割线

黄金分割是一种古老的数学方法。对它的各种神奇的作用和魔力，数学上至今还没有明确的解释，只是发现它屡屡在实践中发挥我们意想不到的作用。

黄金分割法是依据 0.618 黄金分割率原理计算得出的点位，这一点位在证券价格上升或下跌过程中表现出较强的支撑或压力效能。其计算方法是依据上升或下跌幅度的 0.618 及其倍率来确定支撑和压力点位。其应用步骤为：

（1）记住以下若干个特殊的数字：

0.191	0.382	0.618	0.809
1.919	1.382	1.618	1.809
2	2.382	2.618	4.236

（2）找到一个点，以便画出黄金分割线。这个点是上升行情或者下降行情的结束点。这个点一经确定，就可画出黄金分割线了（见图 7-22）。

例如，在上升行情开始掉头向下时，我们极为关心这次下跌将在什么位置获得支撑。假设这次上升的顶点价位为 2245 点（2001 年 6 月 14 日沪市的最高点位），则应用上述黄金分割的第一行数据得到：

1816.2 点 = 2245 点×0.809

1387.4 点 = 2245 点×0.618

857.6 点 = 2245 点×0.382

428.8 点 = 2245 点×0.191

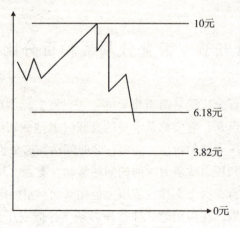

图 7-22　黄金分割线

这几个价位极有可能成为支撑，其中 1387.4 点和 857.6 点的可能性最大。

同样，在下降行情开始掉头向上时，我们关心这次上涨到什么位置遇到压力。黄金分割线为此提供了一些价位，它们由这次下跌的底点乘以上面的第二和第三行的数字得出。其中，以 1.382 点、1.618 点和 1.919 点的可能性最大。

二、百分比线

百分比线考虑问题的出发点是人们的心理因素和一些整数位的分界点。

当股价持续向上涨到一定程度，肯定会遇到压力；遇到压力后，就要向下回撤。回撤的位置很重要。黄金分割提供了几个价位，百分比线也提供了几个价位。

以这次上涨开始的最低点和开始向下回撤的最高点两者之间的差，分别乘以几个特殊的百分比数，就可以得到未来支撑位可能出现的位置。

设低点是 10 元，高点是 22 元，这些百分数一共有 10 个，它们是（见图 7-23）：

$$\frac{1}{8} \quad \frac{1}{4} \quad \frac{3}{8} \quad \frac{1}{2} \quad \frac{5}{8} \quad \frac{3}{4} \quad \frac{7}{8} \quad 1 \quad \frac{1}{3} \quad \frac{2}{3}$$

这里的百分比线中，以 1/2、1/3、2/3 三条线最为重要。在很大程度上，回撤到 1/2、1/3、2/3 是人们的一种心理倾向。如果没有回撤到 1/3 以下，就好像没有回撤够似的；如果已经回撤了 2/3，人们自然会认为已经回撤够了；1/2 是常说的二分法。

上面所列的 10 个特殊的数字都可以用百分比表示，如 1/8 = 12.5%、

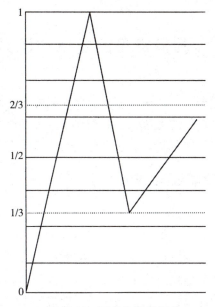

图 7-23　百分比线的划分

1/4＝25%等，之所以用上面的分数表示，是为了突出整数的习惯。

如果百分比数字取为 61.8%、50% 和 38.2%，就得到另一种黄金分割线——两个点黄金分割线。在实际中两个点黄金分割线被使用得很频繁，但它只是百分比线的一种特殊情况（见图 7-24）。

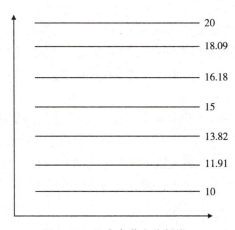

图 7-24　两个点黄金分割线

第六节 其他常见的支撑和压力点位

根据黄金分割线法和百分比法的基本思路，人们在实践中还总结出了其他常见的确定支撑和压力点位的方法，它们都属于水平切线类的直线，与黄金分割线法和百分比法所起的作用相同，这里分别给予简单介绍。

一、其他常见的支撑和压力点位

1. 历史最高点与历史最低点

历史最高点与历史最低点是价格波动中最具影响力的价位。由于历史最高点和历史最低点反映了长期价格波动趋势中的波峰和波谷，因此对投资者有着较强的心理影响力。当价格接近历史最高点时，投资者会由于对历史最高点的恐惧而纷纷抛出手中的证券；而当价格接近历史最低点时，投资者又会受过去抄底的丰厚利润的刺激提前加入买盘的行列。因此，历史最高点和历史最低点位常常表现出极强的压力和支撑效能。

2. 整数点位和心理点位

整数点位是指价格指数或价格成整数时的点位或价位。例如，深证综合指数 200 点、300 点，上证指数 1000 点、2000 点等，整数点位往往表达和体现了投资者对行情发展的判断和信心的强弱，很能影响投资者的情绪，因而整数点位有时也表现出较强的支撑或压力功能。心理点位不同于整数点位，它往往是在证券价格长期波动中由市场所公认的一定时期内的顶部或底部区域。例如，沪市的 1300 点，曾经在 2003~2004 年被公认为"铁底"区域，反映了投资者的心理信念，因而意义重大，其支撑和压力效能往往表现得较为强烈。

3. 成交密集区

成交密集区是指过去交易量大、交易比较活跃的价格区域。由于成交量大、交易活跃，因此在成交密集区及其附近堆积了大量的资金筹码。若价格波动在成交密集区之上，则成交密集区将成为日后价格下跌时较强的支撑区域；若价格波动在成交密集区之下，则成交密集区将成为日后价格上升时较强的压力区域。

4. 颈线

图形形态分析是技术分析中一种重要的分析方法。在图形形态分析中，颈线有着极其重要的意义。例如，头肩顶与头肩底形态、M 头与 W 底形态中的颈线等。颈线在价格波动中具有较强的支撑或压力效能。

5. 缺口

缺口是指价格向某一方向急速运动时没有成交量的一段真空区域。不同形态的缺口对价格波动表现出不同的支撑和压力效能，其中突破缺口和持续性缺口表现得较为强烈，而普通缺口和消耗性缺口则显得偏弱一些。但不论何种缺口，在分析中都应视其为一个支撑或压力点位。

二、应用切线理论应注意的问题

切线为我们提供了很多价格移动可能存在的支撑线和压力线，这些直线有很重要的作用。但是，支撑线、压力线有被突破的可能，它们的价位只是一种参考，不能把它们当成万能的工具。

➡ **思考题**

（1）什么叫趋势及其分类？

（2）支撑线和压力线起什么作用？

（3）什么叫轨道线及其作用？

（4）黄金分割线的画法，如何利用其预测价格波动？

（5）速度线和百分比线考虑问题的出发点是什么？

第八章 证券投资技术指标概述

第一节 技术指标法简述

一、技术指标法的含义与本质

所谓技术指标法，就是应用一定的数学公式，对原始数据进行处理，得出指标值，将指标值绘成图表，从定量的角度对股市进行预测的方法。这里的原始数据指开盘价、最高价、最低价、收盘价、成交量和成交金额等。

技术指标法的本质是通过数学公式产生技术指标。这些指标反映了股市的某一方面深层次的内涵，这些内涵仅仅通过原始数据是很难看出的。技术指标是一种定量分析方法，其克服了定性分析方法的不足，极大地提高了具体操作的精确度。尽管这种分析不是完全准确，但至少能在我们采取行动前从数量方面给予帮助。

二、技术指标的分类

技术指标从不同的角度有不同的分类。本书以技术指标的功能为划分依据，将常用的技术指标分为趋势指标、超买超卖型指标、人气指标和大势型指标四类。

三、技术指标法与其他技术分析方法的关系

其他技术分析方法都有一个共同的特点，就是过分重视价格，而对成交量重视不够。然而没有成交量的分析，无疑是丢掉了重要的信息，分析结果的可信度将降低。

技术指标种类繁多，考虑的方面也多，人们能够想到的，都能在技术指标

中得到体现。这一点是别的技术分析方法无法比拟的。

在进行技术指标的分析与判断时，也经常用到别的技术分析方法的基本结论。例如，在使用 KDJ 等指标时，经常要用到形态理论中的头肩形、颈线和双重顶之类的结果以及切线理论中支撑线和压力线的分析手法。因此，全面学习技术分析的各种方法是很重要的。

四、应用时注意的问题

（1）任何技术指标都有自己的适应范围和应用条件，得出的结论也都有成立的前提和可能发生的意外。因此，不管这些结论成立的条件，盲目绝对地相信技术指标，是要出错的；但从另外一个角度看，也不能认为技术指标有可能出错就完全否定技术指标的作用。

（2）应用一种指标容易出现错误，但当使用多个具有互补性的指标时，可以极大地提高预测精度。因此，在实际应用时，应采用若干个互补性的指标，进行组合分析，以提高决策水平。

技术指标学派是技术分析中极为重要的分支。但由于技术指标众多，这里仅按上述分类，介绍一些目前在中国证券市场常用的技术指标。

第二节 技术指标的使用方法

技术指标法是技术分析的重要分支。全世界各种各样的技术指标有千种以上。

技术指标涉及数据和处理数据的方法。数据是价格和成交量以及其他反映市场行为的因素，如期货中的 Open Interest。不同的数据处理方法将产生不同的技术指标。主要有两类方法——数学模型法和叙述法。

背离是指技术指标的方向与价格曲线的趋势方向不一致。背离表明价格的变动没有得到指标的支持。有"顶背离"和"底背离"之分，前者看跌，后者看涨（见图 8-1 和图 8-2）。背离是技术指标的最重要的内容，使用需要涉及很多的条件。

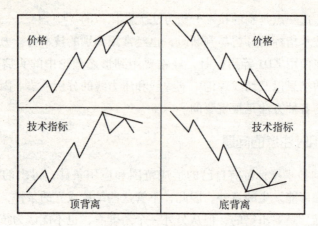

图 8-1 背离示意图

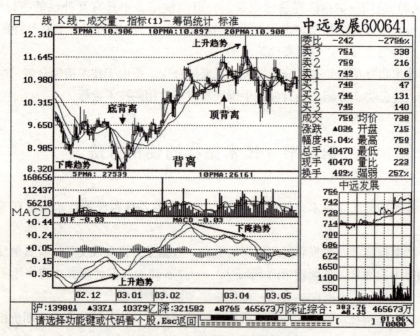

图 8-2 背离实战应用

　　交叉是指技术指标图形中的两条线出现了相交现象。图 8-3 中所表现的是三种交叉的情况。交叉表明原来的力量对比格局受到了"挑战"。图 8-4 为交叉的实战应用。

160

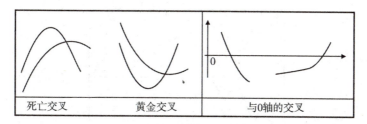

图 8-3 交叉示意图

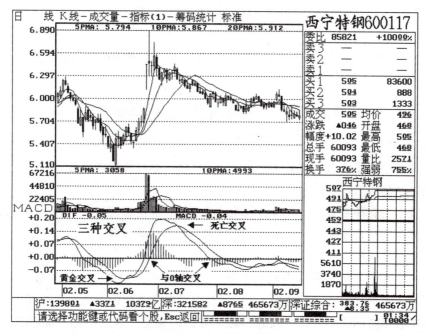

图 8-4 交叉实战应用

　　极端值是指技术指标的取值过分的大或小，术语是"超买区和超卖区"。极端值表示市场在某个方面已经达到了过分的地步，应该引起注意。

　　指标形态是指技术指标曲线的波动轨迹呈现出了双重顶底和头肩形等反转形态（见图 8-5）。

　　指标的转折是指技术指标曲线在高位或低位"掉头"，表明前面过于"极端"的行动已经遇到了"麻烦"。

　　技术指标的盲点是指在大部分时间技术指标都不能发出信号，而处于"盲"的状态。

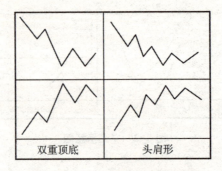

图 8-5　技术指标的形态示意图

"每天都期待技术指标提供有用的信息"是对技术指标的误解。

第三节　技术指标的深层理解

技术指标反映市场的某一方面深层的内涵，是将投资者在投资实践中对市场的一些想法进行定量的分析。

技术指标种类繁多，考虑的范围广泛，投资者能够想到的，技术指标就能实现体现。这是技术指标法相比其他技术分析方法的优势。

使用技术指标应注意以下几个方面：

（1）技术指标只能作为战术手段，带有"短"和"小"的色彩。"短"是指对未来预测的空间跨度短。"小"是指对未来预测的价格波动幅度小。不能指望技术指标回答有关"大的趋势"方面的信息。技术指标只能在某个瞬间指出趋势的短暂方向，不能给技术指标增加更多的"负荷"，做它不能够做的事情。

（2）主观因素有很重要的作用，体现在三个方面：第一，对相同"对象"的不同判断。第二，技术指标的参数选择。选取参数不同，直接影响技术指标的使用效果。第三，技术指标的适用条件。每种关于技术指标的结论都有自己的适应范围和适用条件。有时，有些技术指标的效果很差，而另外一些技术指标的效果就比较好。投资者常犯的错误是机械地照搬结论，而不问这些结论成立的条件和可能发生的意外。如前所述，首先是盲目地绝对相信技术指标，出了错误以后，又走向另一个极端，认为技术指标一点用也没有。

（3）技术指标永远是有用的，出问题的是使用技术指标的人。

（4）在沪深市场中，技术指标在高位的钝化是技术指标失效的典型代表。要总结失效表现，避免重复错误。如果遇到某个技术指标失效，要把它放置在一边，去考虑别的技术指标。

（5）每个技术指标在预测大势方面也有能力大小和准确程度的区别。技术指标之间的结合和调整是很有必要的。要建立自己的技术指标体系。

（6）不断地对技术指标的效果进行考察是使用技术指标不可缺少的步骤。

➲ 思考题

（1）什么叫技术指标及其分类？

（2）如何使用技术指标？

（3）如何理解技术指标的极端值、交叉和形态？

第九章　趋势型技术指标

第一节　移动平均线（MA）

一、移动平均线

道氏理论是股票市场技术分析的鼻祖理论，但该理论没有具体的量化操作，只是把市场趋势分为原始波动（长期）、次级波动（中期）和日常波动（短期）三种波动类型。移动平均线（MA：Moving Average）则可以把长期趋势、中期趋势和短期趋势具体地量化出来，并且可操作性很强。

剧烈波动的股票市场，股票价格日常波动和短期的变化非常大，根据有效市场的研究，股票价格短期的波动是随机的，但技术分析理论的假设——股票价格是沿趋势运动的，把某个时期的股票价格综合起来找一个平均股价，则得到一个较为有规律的价格。以日 K 线的收盘价为例：如果要计算 5 天的平均价，则取连续 5 个交易日的收盘价（或收盘指数），计算它们的和，再除以 5，得到 5 天的平均收盘股价，公式是：

5 日平均价 $= (C_1 + C_2 + C_3 + C_4 + C_5)/5$

上式中 C_1、C_2、C_3、C_4、C_5 分别代表第一天到第五天的收盘价。

第六天的 5 日平均价 $= (C_2 + C_3 + C_4 + C_5 + C_6)/5$

即把第一天的价格去掉，换为第六天的价格，其他计算方法不变。同理，计算第七天的 5 日平均价格则把第二天的价格换为第七天的价格即可。把计算出的平均价标在每天的股价图上再进行平滑连接，就得到 5 日移动平均线（MA_5）。移动平均线一般标在以时间为横轴、股价为纵轴的 K 线图上，一并分析。

同理 10 日移动平均线 MA_{10} 的计算公式是：

$$MA_{10} = (C_1 + C_2 + C_3 + C_4 + C_5 + C_6 + C_7 + C_8 + C_9 + C_{10})/10$$

推广到一般情况，计算 n 日移动平均线的公式是：

$MA_n = (C_1 + C_2 + C_3 + \cdots + C_n)/n$

以上是计算移动平均线的最常用的方法，即算术移动平均线（SMA）。从计算公式可知，在 n 日移动平均线中，每一天价格对平均线的影响均是 $1/n$，这不太符合市场实际情况。以 30 日移动平均线来说，当日价格对未来行情的影响远比 30 天以前的价格对未来的影响重要得多。为使移动平均线能够更确切地反映未来趋势，有必要加大最近的日期在移动平均线中的比例，体现其重要性，这就是加权移动平均线（WMA），计算公式如下：

$WMA_n = (C_1 \times 1 + C_2 \times 2 + C_3 \times 3 + \cdots + C_n \times n)/(1 + 2 + 3 + \cdots + n)$

此外，还有指数平滑移动平均线（EMA），先计算出第一个移动平均线（或使用起算日的收盘价也可）作为基数，确定移动平均线日数，如 5 日移动平均线，把基数乘一个系数，如对 MA_5 是 4/5、对 MA_{10} 是 9/10、对 MA_n 是 $(n - 1)/n$ 等，再加上计算日的收盘价乘一个系数，MA_5 的系数是 1/5、MA_{10} 的系数是 1/10、MA_n 的系数是 1/n。计算从基期起第 t 天的 n 日指数平滑移动平均线的一般公式：

$EMA_t = C_t \times 1/n + EMA_{(t-1)} \times (n - 1)/n$

这里使用了基期（初值）的概念，在此基础上进行连续计算，使计算日有 $1/n$ 的比例。这种计算在离基期较近的日期误差较大，选择不同的基期也会有不同数值，只有长期持续计算之后不同基期的影响才会逐渐消失。

移动平均线不仅可用于日 K 线，也可用于周 K 线、月 K 线等。图 9-1 是移动平均线应用图。

根据计算期的长短，移动平均线又可分为短期、中期和长期移动平均线。短期移动平均线代表短期趋势，中期移动平均线代表中期趋势，长期移动平均线代表长期趋势。长期移动平均线方向向上则代表长期趋势上升，可以确定是牛市或叫多头市场；长期移动平均线方向向下则代表长期趋势下降，可以确定是熊市或叫空头市场。

对于短期移动平均线、中期移动平均线、长期移动平均线的具体划分没有确定的说法。试举几种分类法：

（1）短期 MA：0~10 天，中期 MA：10~30 天，长期 MA：30 天以上；

（2）短期 MA：0~15 天，中期 MA：15~60 天，长期 MA：60 天以上；

（3）短期 MA：0~25 天，中期 MA：25~120 天，长期 MA：120 天以上。

实践证明，短期移动平均线应在 15 天以下，中期移动平均线在 25 ~ 60

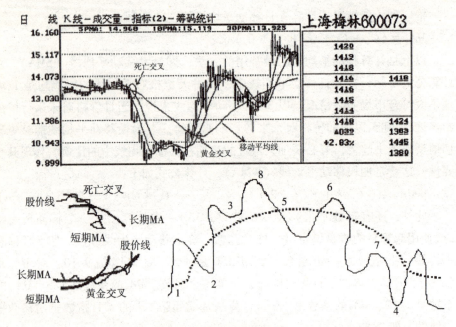

图 9-1　移动平均线应用

天，60 天以上为长期移动平均线。西方投资机构非常看重 200 天移动平均线，并以此作为长期投资的依据。若行情价格在 200 天均线以下，属空头市场；反之，则为多头市场。

根据短期线变化快、长期线变化慢的特点可以进行多方面的比较分析，在其他指标中也经常使用短期与长期的比较，所有的短期线都可称为快速线，长期线都可称为慢速线，不局限于移动平均线。

二、移动平均线的特点

MA 的基本思想是消除股价随机波动的影响，寻求股价波动的趋势。它有以下几个特点：

（1）追踪趋势。MA 能够表示股价的趋势方向，并追踪这个趋势。如果能从股价的图表中找出上升或下降趋势，那么，MA 将与趋势方向保持一致。原始数据的股价图表不具备这个追踪趋势的特性。

（2）滞后性。在股价原有趋势发生反转时，由于 MA 追踪趋势的特征，使其行动往往过于迟缓，掉头速度落后于大趋势。这是 MA 一个极大的弱点。

（3）稳定性。根据移动平均线的计算方法，要想较大地改变移动平均线的数值，当天的股价必须有很大的变化，因为 MA 是股价几天变动的平均值。这个特点也决定了移动平均线对股价反应的滞后性。这种稳定性有优点，也有缺点，在应用时应多加注意，掌握好分寸。

（4）助涨助跌性。当股价突破移动平均线时，无论是向上还是向下突破，股价都有继续向突破方向发展的愿望。

（5）支撑线和压力线的特性。由于 MA 的上述四个特性，使得它在股价走势中起支撑线和压力线的作用。MA 被突破，实际上是支撑线和压力线被突破，从这个意义上就很容易理解后面将介绍的葛氏法则。

MA 的参数作用实际上就是调整 MA 上述几方面的特性。参数选择得越大，上述的特性就越大。比如，突破 5 日线和突破 10 日线的助涨助跌的力度完全不同，10 日线比 5 日线的力度大。

三、移动平均线的应用法则——葛兰威尔（Granvile）法则

了解了移动平均线的概念之后，如何利用这一系统进行市场操作呢？美国分析师葛兰威尔（Granvile）提出移动平均线八条法则：

（1）当移动平均线由下跌开始走平，将要转为上涨时，股价线从移动平均线下方向上突破移动平均线，是买入信号。

（2）股价线向下跌破移动平均线而处于移动平均线下方，移动平均线仍然继续上涨，是买入信号。

（3）股价线在移动平均线上方，当股价线开始下跌但并未跌破移动平均线时又转向上涨，是买入信号。

（4）股价线处于移动平均线下方并且出现暴跌，导致股价线距离移动平均线过远时，是买入信号。

（5）当移动平均线由上涨开始走平，将要转为下跌时，股价线从移动平均线上方向下跌破移动平均线，是卖出信号。

（6）股价线向上突破移动平均线而处于移动平均线上方，移动平均线仍然继续下跌，是卖出信号。

（7）股价线在移动平均线下方，当股价线开始上涨但并未突破移动平均线时又转向下跌，是卖出信号。

（8）股价线在移动平均线上方并且出现暴涨，导致股价线距离移动平均线过远时，是卖出信号。

葛兰威尔移动平均线八法则共有四个买入信号和四个卖出信号，其中的买

卖信号基本是两两对应的，其中第 1 条对应第 5 条，第 2 条对应第 6 条，第 3 条对应第 7 条，第 4 条对应第 8 条。用图形表示八法则可以更清楚地看到这种对应关系。

把八法则再进行概括，则第 1、第 5 两条是指股价和移动平均线同方向运行时则趋势确立，MA 上涨则买（第 1 条）、MA 下跌则卖（第 5 条）；当股价和移动平均线反方向运行而股价在移动平均线位置受到支撑则买（第 2 条）、受到阻力则卖（第 6 条）；当股价和移动平均线反方向运行而移动平均线不受股价影响保持原方向时应以移动平均线的方向为依据，MA 上涨则买（第 3 条）、MA 下跌则卖（第 7 条）；当股价和移动平均线之间在短时间内出现拉开距离过远时，股价应向移动平均线回归，靠向移动平均线，向上靠则买（第 4 条）、向下靠则卖（第 8 条）。

现在把葛兰威尔移动平均线八法则归纳为三句话："同向顺势而为，异向均线为主，太远必回归。"

总之，葛兰威尔移动平均线法则是针对股价和移动平均线的位置关系决定操作方向的，这是依据移动平均线原理进行操作的基础。

四、MA 的组合应用

（1）"黄金交叉"与"死亡交叉"。一般情况下，投资者可利用短期和长期两种移动平均线的交叉情况来决定买进和卖出的时机。当现在价位站稳在长期与短期 MA 之上，短期 MA 又向上突破长期 MA 时，为买进信号，此种交叉称为"黄金交叉"；反之，若现在行情价位于长期与短期 MA 之下，短期 MA 又向下突破长期 MA 时，则为卖出信号，交叉称为"死亡交叉"（见图 9-1）。

黄金交叉和死亡交叉，实际上就是向上突破压力线或向下突破支撑线，所以，只要掌握了支撑和压力的思想就不难理解。

（2）长、中、短期移动平均线的组合使用。在实际应用中，常将长期 MA（250 日）、中期 MA（50 日）和短期 MA（10 日）结合起来使用，分析它们的相互关系，判断股市趋势。三种移动平均线的移动方向有时趋于一致，有时不一致，可从两个方面来分析、研判：

方向一致的情况。在空头市场中，经过长时间的下跌，股价与 10 日平均线、50 日平均线、250 日平均线的排列关系，从下到上依次为股价、10 日均线、50 日均线和 250 日均线。若股市出现转机，股价开始回升，反应最敏感的是 10 日平均线，最先跟着股价从下跌转为上升；随着股价继续攀升，50 日平均线才开始转为向上方移动；至于 250 日平均线的方向改变，则意味股市的基本趋势的转变，多头市场的来临。若股市仅出现次级移动，股价上升数星期或两三个月，使得短期均线和中期均线向上移动；当次级移动结束后，股价再朝原始方向运动，平均线则从短期均线、中期均线依次向下移动。在多头市场中，情形则恰恰相反。

方向不一致的情况。当股价进入整理盘旋后，短期平均线、中期平均线很容易与股价缠绕在一起，不能正确地指明运动方向。有时短期均线在中期均线之上或之下，此种情形表示整个股市缺乏弹性，静待多方或空方打破僵局，使行情再度上升或下跌。

另一种不协调的现象是中期平均线向上移动，股价和短期平均线向下移动，这表明股市上升趋势并未改变，暂时出现回档调整现象。只有当股价和短期均线相继跌破中期均线，并且中期均线亦有向下反转之迹象，则上升趋势改变；或是中期平均线仍向下移动，股价与短期平均线却向上移动，表明下跌趋势并未改变，中间出现一段反弹情况而已。只有当股价和短期均线都回到均线之上，并且中期均线亦有向上反转，则趋势才改变。

移动平均线是实际中常用的一类技术指标，它的分析方法和思路对后面的指标有重要的影响。但该指标也存在一些盲点，特别是在盘整阶段或趋势形成后的中途休整阶段以及局部反弹或回落阶段，MA 极易发出错误的信号，这是使用 MA 时最应该注意的。此外，MA 只是作为支撑线和压力线，站在某线之上，当然有利于上涨，但并不是说就一定会涨，支撑线有被击穿的时候。

第二节　指数平滑异同移动平均线（MACD）

一、MACD 的原理与计算

指数平滑异同移动平均线（Moving Average Convergence and Divergence）是两条指数平滑线之差，即快速移动平均线（短期线）与慢速移动平均线（长期线）之差。MACD 由正负差（DIF）和异同平均数（DEA）两部分组成。以指数平滑计算法计算 MACD 的步骤及公式如下：

（1）$EMA_t = EMA_{(t-1)} \times (n-1)/(n+1) + C_t \times 2/(n+1)$

EMA_1 值等于第一天的收盘价，n 参数常用 12 和 26，计算出快速移动平均线（EMA_{12}）和慢速移动平均线（EMA_{26}）。

（2）设 12 日指数平滑移动平均线为 EMA_{12}，26 日指数平滑移动平均线为 EMA_{26}，当日收盘价为 C_t，计算从起始日起第 n 天的 EMA_{12} 和 EMA_{26}：

$$EMA_{12} = (n - 1)EMA_{12} \times 11/13 + C_t \times 2/13$$

$$EMA_{26} = (n - 1)EMA_{26} \times 25/27 + C_t \times 2/27$$

（3）计算差离值（DIF）：

$$DIF = EMA_{12} - EMA_{26}$$

（4）计算从起始日起第 n 天差离平均值（DEA）（即差离值 DIF 的 9 日指数平滑移动平均线）：

$$DEA = (n - 1)DIF \times 8/10 + DIF \times 2/10$$

其中可用第一个 DIF 作为 DEA 的初值。

（5）计算 MACD 柱状线：

$$MACD = DIF - DEA$$

二、MACD 特性

同移动平均线一样，指数平滑异同移动平均线同样是对股票价格进行平均处理，消除小的和次要的内容，保留和再现股票价格趋势本质性的内容。与 MA 相比，MACD 除掉了 MA 频繁发出买卖信号的现象，对发出信号的要求和限制有所增加，假信号出现的机会降低，发出的信号比 MA 更可靠。当然，在横盘的市场中，MACD 发出的信号也不可靠，对于把握股票价格未来的涨跌没有意义。

在 MACD 图形上有三条线：DIF 线、DEA 线和 MACD 柱状线。买卖信号就是 DIF 和 DEA 的正负位置和交叉，同时观察 MACD 的正负和长短。当 DIF 和 DEA 为负值，表明市场目前处于空头市场，即熊市；当 DIF 和 DEA 为正值，表明市场目前处于多头市场，即牛市。

MACD 没有固定的数值界限，其数值围绕零值上下摆动，属摆动指标。一定时期的 MACD 值有一个常态分布范围，其常态数值区间随时期不同会有改变。

三、MACD 意义

MACD 是一个比较复杂的指标，主要原因是因为它使用了两次指数平滑移动平均的计算，而正由于 MACD 的两次平滑计算法才能够更加可靠地反映市场的中级趋势。在移动平均线理论中有两种重要位置关系：一种是股价与移动平均线的位置关系，乖离率理论已经把这种位置关系量化；另一种是短期移动平均线（快速线）与长期移动平均线（慢速线）的位置关系，MACD 理论也把这种位置关系予以量化；指数平滑异同移动平均线中的"异同"就是指快速线与慢速线方向相同或相反之意。

DIF 是快速线与慢速线之差，表示快慢线之间距离远近。DEA 则表示一定时期内快慢线之间的平均距离。MACD 柱状线表示短期内快慢线距离与一定时期内平均距离的对比。MACD 的买卖信号正是由其代表的意义决定的。

四、MACD 的应用法则

MACD 是利用快速移动平均线和慢速移动平均线，在一段上涨或下跌行情中两线之间的差距拉大，而在涨势或跌势趋缓时两线又相互接近或交叉的特征，通过双重平滑运算后研判买卖时机的方法。MACD 的应用法则（见图 9-2）：

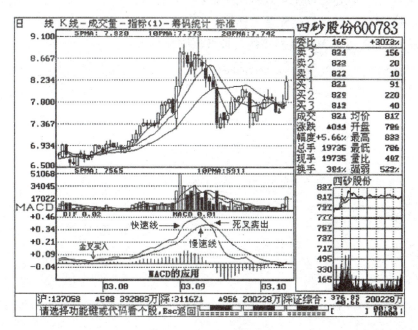

图 9-2 MACD 实战应用

第一，以 DIF 和 DEA 的取值和这两者之间的相对取值对行情进行预测。其应用法则如下：①DIF 和 DEA 均为正值时，属多头市场。DIF 向上突破

DEA 是买入信号；DIF 向下跌破 DEA 只能认为是回落，做获利了结。②DIF 和 DEA 均为负值时，属空头市场。DIF 向下突破 DEA 是卖出信号；DIF 向上穿破 DEA 只能认为是反弹，做暂时补空。③当 DIF 向下跌破 0 轴线时，此为卖出信号，即 12 日 EMA 与 26 日 EMA 发生死亡交叉；当 DIF 上穿 0 轴线时，为买入信号，即 12 日 EMA 与 26 日 EMA 发生黄金交叉。

第二，指标背离原则。如果 DIF 的走向与股价走向相背离，则此时是采取行动的信号。①当股价走势出现 2 个或 3 个近期低点时，而 DIF（DEA）并不配合出现新低点，可以买入。②当股价走势出现 2 个或 3 个近期高点时，而 DIF（DEA）并不配合出现新高点，可以卖出。

➜ 思考题

（1）什么叫移动平均线？它有哪些优缺点？

（2）移动平均线主要有哪些类型？

（3）葛兰威尔移动平均线八法则告诉我们什么？

（4）MACD 的计算过程是怎样的？

（5）如何运用 MACD 对市场行情做出研判？

第十章　超买超卖型技术指标

第一节　威廉指标（WMS）

威廉指标最早起源于期货市场，由 Larry Williams 于 1973 年首创。该指标通过分析一段时间内股价高低价位和收盘价之间的关系，来量度股市的超买超卖状态，以此作为短期投资信号的一种技术指标。目前它已经成为中国股市中被广泛使用的指标之一。

一、WMS 的计算公式

$$WMS(n) = \frac{H_n - C_t}{H_n - L_n} \times 100$$

其中，C_t 为当天的收盘价；H_n 和 L_n 分别为最近 n 日内（包括当天）出现的最高价和最低价。公式中的 n 为选定的时间参数，一般为 14 日或 20 日。

WMS 指标的含义是当天的收盘价在过去的一段时日全部价格范围内所处的相对位置。如果 WMS 的值比较小，则当天的价格处在相对较高的位置，要提防回落；如果 WMS 的值较大，则说明当天的价格处在相对较低的位置，要注意反弹。WMS 的取值范围为 0~100。

WMS 参数的选择应该至少是循环周期的一半。中国股市的循环周期目前还没有明确的共识，在应用 WMS 时，应该多选择几个参数进行尝试。

二、WMS 的应用法则

WMS 的操作法则也是从两方面考虑：一是 WMS 的数值；二是 WMS 曲线的形状。

（1）从 WMS 的取值方面考虑：①当 WMS 高于 80 时，处于超卖状态，行情即将见底，应当考虑买进；②当 WMS 低于 20 时，处于超买状态，行情即将见顶，应当考虑卖出。

这里 80 和 20 只是一个经验数字，并不是绝对的。

同时，WMS 在使用过程中应该注意与其他技术指标相配合。在盘整过程中，WMS 的准确性较高；而在上升或下降趋势当中，却不能只以 WMS 超买超卖信号作为行情判断的依据。

（2）从 WMS 的曲线形状考虑。这里介绍背离原则以及撞顶和撞底次数的原则。①在 WMS 进入低数值区位后（此时为超买），一般要回头。如果这时股价还继续上升，就会产生背离，是卖出的信号。②在 WMS 进入高数值区位后（此时为超卖），一般要反弹。如果这时股价还继续下降，就会产生背离，是买进的信号。③WMS 连续几次撞顶（底），局部形成双重或多重顶（底），则是卖出（买进）的信号。

这里需要说明的是，WMS 的顶部数值为 0，底部数值为 100。

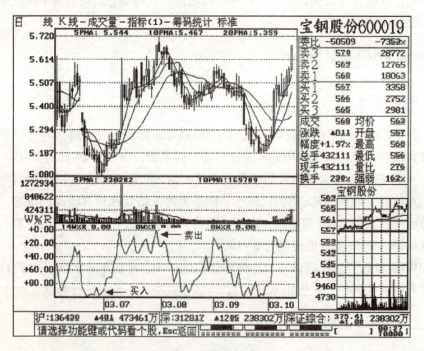

图 10-1　WMS 的运用

第二节　随机指标（KDJ）

一、KDJ 原理与计算

随机指标（KDJ）是由乔治·兰恩（George Lane）首先提出的技术分析理论，最早起源于期货市场，并得到广泛使用。

KDJ 最早是以 KD 指标的形式出现，而 KD 指标是在威廉指标的基础上发展起来的。但 KD 指标仅能判断股票的超买超卖的现象，在 KDJ 指标中却融合了移动平均线速度上的观念，形成比较准确的买卖信号依据。KDJ 以最高价、最低价及收盘价为基本数据进行计算，得出的 K 值、D 值和 J 值分别在指标的坐标上形成的一个点，连接无数个这样的点位，就形成一个完整的、能反映价格波动趋势的 KDJ 线。在分析中设置快速线 K 和慢速线 D 共同研判，另外还有考察 K 线、D 线位置关系的 J 线。快速线 K 表示为%K，慢速线 D 表示为%D，J 表示为 J。

KDJ 的计算比较复杂，首先要计算周期（n 日、n 周等）的 RSV 值，即未成熟随机指标值，然后再计算 K 值、D 值、J 值等。

KDJ 指标计算过程是：

（1）计算未成熟随机值 RSV_n：

$$RSV_n = 100 \times (C_n - L_n)/(H_n - L_n)$$

其中 n 表示所选的周期天数，C_n 表示计算日当天收盘价，L_n 表示周期内最低价，H_n 表示周期内最高价。未成熟随机值 RSV_n 表示计算日当天收盘价在周期内最高价到周期内最低价之间的位置。

（2）计算 K 值和 D 值：

$$K_t = RSV_t \times 1/3 + K_{(t-1)} \times 2/3$$
$$D_t = \%K_t \times 1/3 + D_{(t-1)} \times 2/3$$

其中 K_t 表示计算日当天的 K 值，$K_{(t-1)}$ 表示计算日前一天的 K 值，RSV_t 表示计算日当天未成熟随机值，D_t 表示计算日的 D 值，$D_{(t-1)}$ 表示计算日前一天的 D 值，t 表示计算日期。

由上式可以看出，K 值实际上是 RSV 的 3 天指数平滑移动平均线，D 值是 K 值的 3 天指数平滑移动平均线。KD 指标表示了计算日收盘价在周期内最高价和最低价间位置的两次平滑计算结果。

K 值和 D 需要有初值，初值可在 0 ~ 100 选择，如选 K = D = RSV_1 或者 K = D = 50。

（3）计算 J 值：

$$J = 3 \times K - 2 \times D \text{ 或 } J = 3 \times D - 2 \times K$$

二、KDJ 的分析周期

10 日以下为分析参数的 KDJ 的研判适用周期为 3 天左右（从金叉到死叉为 3 天）；50 日以下为分析参数的 KDJ 的研判适用周期为 10 天左右；50 日以上为分析参数的 KDJ 的研判适用周期为 20 天左右。日 KDJ 是短中期，最多维持 15 ~ 30 日；周 KDJ 是中期，维持时间为 1 ~ 3 个月（一旦金叉，一个月内基本会涨，但涨幅不能确定）；月 KDJ 是长期，维持时间一般为 3 ~ 5 个月。

三、KDJ 的数值范围和作图

K 值和 D 值均在 0 ~ 100，属摆动指标。

把 K 值、D 值、J 值在以时间为横轴，以 KDJ 指标为纵轴的直角坐标上，分别用曲线平滑连接每天的 K、D 和 J 即得到 KDJ 指标的三条曲线。

四、KDJ 的应用法则

KDJ 指标由 3 根曲线组成，移动速度最快的是 J 线，其次是 K 线，最慢的是 D 线。

KDJ 位置信号（见图 10-2）：KDJ 的区间主要分为三个小部分，20 以下、20 ~ 80 和 80 以上。其中 20 以下的区间为超卖区；80 以上的区域为超买区；20 ~ 80 的区域为买卖平衡区。如果 K 值、D 值、J 值都大于 50 时，为多头市场，后市看涨；如果 K 值、D 值、J 值都小于 50 时，为空头市场，后市看空。

在实战中，当股价持续上涨时，股价会保持在周期内的较高位置，KDJ 表现为 K 线和 D 线会不断上升，维持在 50 以上，表明市场处于强势；当股价持续下跌时，股价会保持在周期内的较低位置，K 线和 D 线不断下降，维持在 50 以下，表明市场处于弱势。

当强势持续，K 线和 D 线进入过高位置时即是高价警戒信号，一般标准是 K 线在 80 以上、D 线在 70 以上时是超买信号，股价即将回落；当弱势持续时，K 线和 D 线进入较低位置时，即是低价警戒信号，一般标准是 K 线在 20

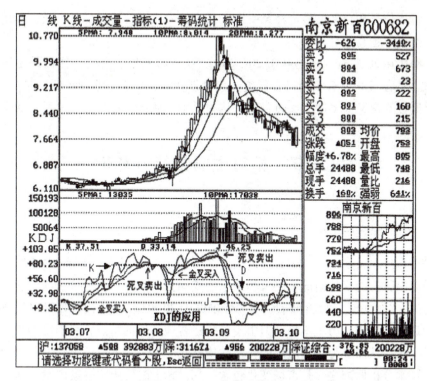

图 10-2　KDJ 指标实战应用

以下、D 线在 30 以下时是超卖信号，股价即将上涨；K 线和 D 线在 50 附近时信号不明。

　　KDJ 方向信号：KDJ 的方向具有趋势特点，如果 K 线、D 线和 J 线在高位开始减慢上升速度，走平或调头向下是卖出信号；如果 K 线、D 线和 J 线在低位开始减慢下降速度，走平或调头向上是买进信号。

　　KDJ 背离信号：如果股价创新高后回档，KDJ 创新高后也随股价下跌，之后股价再创新高而 KDJ 却未创新高，说明 KDJ 不再支持股价上升，KDJ 与股价出现顶背离卖出信号；如果股价创新低后反弹，KDJ 创新低后也随股价反弹，之后股价再创新低而 KDJ 却未创新低，说明 KDJ 不再支持股价下降，KDJ 与股价出现底背离买入信号。

　　KDJ 交叉信号：当快速线 K 在低位自上而下与慢速线 D 出现黄金交叉时是买入信号；当快速线 K 在高位自上而下与慢速线 D 出现死亡交叉时是卖出信号。

177

背离信号和交叉信号应注意一点：买入信号发生位置越低越有效，卖出信号发生位置越高越有效。

KDJ 在 20 左右（可略高于 20）或在 50 左右发生金叉时，往往是中短期底部。只有当 KDJ 有较明显底背离（股价创新低，KDJ 拒绝创新低）信号时，以及低位双交叉或多次交叉时，才可认为是中期底部（或次中级底部）来临。

第三节　相对强弱指标（RSI）

一、RSI 的原理

RSI（Relative Strength Index）是与 KDJ 齐名的常用技术指标。RSI 以一特定时期内股价的变动情况推测价格未来的变动方向，并根据股价涨跌幅度显示市场的强弱。RSI 是分析师韦尔斯·怀尔德于 20 世纪 70 年代首先提出的技术分析理论。尽管其历史不长，但由于该指标客观实用的特点，目前已为广大投资者接受，从而成为广泛使用的普及性指标之一。

技术分析原理之一是市场变化包含一切。RSI 正是从这一点出发，从市场价格变化观察买卖双方的力量变化，其中以价格上涨幅度代表买方力量，以价格下跌幅度代表卖方力量，以涨跌幅度的对比代表买卖双方力量的对比，通过对比预测未来股价的运行方向，这种对比的比值就是 RSI 数值。

二、RSI 的计算公式

RSI 通常采用某一时期（n 天）内收盘指数的结果作为计算对象，来反映这一时期内多空力量的强弱对比。RSI 将 n 日内每日收盘价或收盘指数涨数（当日收盘价或指数高于前日收盘价或指数）的总和作为买方总力量 A，而 n 日内每日收盘价或收盘指数跌数（当日收盘价或指数低于前日收盘价或指数）的总和作为卖方总力量 B。

先找出包括当日在内的连续 n+1 日的收盘价，用每日的收盘价减去上一日的收盘价，可得到 n 个数字。这 n 个数字中有正有负。

$A = n$ 个数字中正数之和

$B = n$ 个数字中负数之和 $\times$（-1）

$$RSI(n) = \frac{A}{A + B} \times 100$$

其中，A 表示 n 日中股价向上波动的大小；B 表示 n 日中股价向下波动的大小；$A+B$ 表示股价总的波动大小。RSI 实际上是表示股价向上波动的幅度占总波动的百分比。如果比例大就是强市，否则就是弱市。

三、RSI 的周期

对于 RSI 的周期选择没有统一标准。不过因为 RSI 是根据股价涨跌幅度计算的，如果周期过短则当股价变化较大时 RSI 数值也会随之剧烈震荡，过于敏感失去规律性；如果周期过长则股价变化对 RSI 数值影响力减弱，导致 RSI 反应过于缓慢、信号不明显；两种情况说明周期过长或周期过短都不宜选为 RSI 周期。威尔德推荐使用 14 日 RSI，目前国内较多使用的周期有 5 日、6 日、9 日、10 日、12 日、14 日、15 日、20 日、25 日等。

四、RSI 的数值范围和作图

RSI 数值固定在 0～100，属摆动指标。市场不同时期 RSI 数值有不同的常态分布区。

以时间为横轴、以 RSI 为纵轴的直角坐标中，标出每天的 RSI 数值后再连接起来即是 RSI 曲线图。

五、RSI 的应用法则

（1）根据 RSI 取值的大小判断行情。将 100 分成四个区域，根据 RSI 的取值落入的区域进行操作。划分区域的方法如表 10-1 所示：

表 10-1　RSI 划分区域方法

RSI 值	市场特征	投资操作
80～100	极强	卖出
51～80	强	买入
21～50	弱	卖出
0～20	极弱	买入

"极强"与"强"的分界线和"极弱"与"弱"的分界线是不明确的，它们实际上是一个区域。比如，可以取 30、70 或者 15、85。应该说明的是，分界线位置的确定与 RSI 的参数和选择的股票有关。一般而言，参数越大，分界线离 50 越近；股票越活跃，RSI 所能达到的高度越高，分界线离 50 应该越远。

（2）两条或多条 RSI 曲线的联合使用。我们称参数小的 RSI 为短期 RSI，参数大的 RSI 为长期 RSI。两条或多条 RSI 曲线的联合使用法则与两条均线的使用法则相同。即短期 RSI>长期 RSI，应属多头市场；短期 RSI<长期 RSI，则属空头市场。

当然，这两条只是参考，不能完全照此操作。

（3）从 RSI 的曲线形状判断行情。当 RSI 在较高或较低的位置形成头肩形和多重顶（底），是采取行动的信号。这些形态一定要出现在较高和较低位置，离 50 越远，结论越可靠。

此外，也可以利用 RSI 上升和下降的轨迹画趋势线，此时，起支撑线和压力线作用的切线理论同样适用。

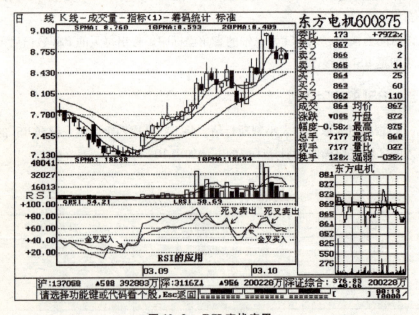

图 10-3　RSI 实战应用

（4）从 RSI 与股价的背离方面判断行情。RSI 处于高位，并形成一峰比一峰低的两个峰，而此时，股价却对应的是一峰比一峰高，这叫顶背离，是比较强烈的卖出信号；与此相反的是底背离，RSI 在低位形成两个底部抬高的谷底，而股价还在下降，是可以买入的信号。

第四节　乖离率（BIAS）

一、BIAS 的原理与计算

BIAS 是表示当前股价偏离移动平均线程度的指标。当日收盘价减移动平均线之差与移动平均线的比值，即乖离率。公式如下：

乖离率 =（当日收盘价 − 某周期移动平均线）/ 某周期移动平均线 × 100%

如用 C 表示当日收盘价，MA_n 表示 n 日移动平均线，则公式为：

$$BIAS_n = (C - MA_n)/MA_n \times 100\%$$

二、BIAS 特性

由公式可知，乖离率也是有不同周期的，如对应于 5 日移动平均线的 5 日乖离率，对应于 10 日移动平均线的 10 日乖离率等。

公式中当日收盘价减移动平均线之差决定乖离率的正负。当日收盘价在移动平均线之上，$C > MA_n$，乖离率为正值；当日收盘价在移动平均线之下，$C < MA_n$，乖离率为负值。

乖离率数值标在以时间为横轴、以乖离率为纵轴的平面直角坐标上，连接成乖离率曲线即可进行图形研究。

乖离率没有固定的数值界限，其数值围绕 0 值上下摆动，属摆动指标。某特定市场的特定时期某股票乖离率有一个常态分布范围，这个常态区间随时期不同会有一定改变。

三、BIAS 的应用法则

（1）从 BIAS 的取值大小和正负考虑。一般来说，正的乖离率越大，表示短期多头的获利越大，获利回吐的可能性越高；负的乖离率越大，则空头回补的可能性也越高。在实际应用中，一般预设一个正数或负数，只要 BIAS 超过这个正数，投资者就应该感到危险而考虑抛出；只要 BIAS 低于这个负数，投资者就感到机会可能来了而考虑买入。问题的关键是找到这个正数或负数，它是采取行动与静观的分界线。这条分界线与三个因素有关：BIAS 参数、所选择股票的性质以及分析时所处的时期。

一般来说，参数越大，股票越活跃，选择的分界线也越大。但乖离率达到何种程度为正确的买入点或卖出点，目前并无统一的标准，投资者可凭经验和对行情强弱的判断得出综合的结论。

参考有关书籍，表 10-2 给出这些分界线的参考数字。投资者在应用时应根据具体情况对它们进行适当的调整。

表 10-2 BIAS 的应用

	买入信号（%）	卖出信号（%）
5 日	-3	3.5
10 日	-4.5	5
20 日	-7	8
60 日	$\longrightarrow$ -10	10

从表 10-2 中的数字可看出，正数和负数的选择不是对称的，正数的绝对值偏大是进行分界线选择的一般规律。

据有关人员的经验总结，如果遇到由于突发的利多或利空消息而产生股价暴涨或暴跌的情况时，可以参考如下的数据分界线：

对于综合指数：$BIAS(10) > 30\%$ 为抛出时机，$BIAS(10) < -10\%$ 为买入时机；

对于个股：$BIAS(10) > 35\%$ 为抛出时机，$BIAS(10) < -15\%$ 为买入时机。

（2）从 BIAS 的曲线形状方面考虑。形态学和切线理论在 BIAS 上也可以适用，主要是顶背离和底背离的原理。

（3）从两条 BIAS 线结合方面考虑。当短期 BIAS 在高位下穿长期 BIAS 时，是卖出信号；在低位，短期 BIAS 上穿长期 BIAS 时是买入信号。

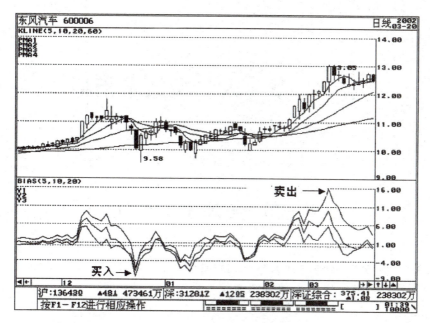

图 10-4　BIAS 实战应用

思考题

（1）威廉指标（WMS）的计算过程及其运用？

（2）随机指数（KDJ）的计算过程及其运用？

（3）相对强弱指数（RSI）的计算过程及其运用？

（4）乖离率（BIAS）的计算过程及其运用？

第十一章 人气型技术指标

第一节 心理线（PSY）

PSY（Psychological Line）是从投资者的买卖趋向心理方面，将一定时期内投资者看多或看空的心理事实转化为数值，来研判股价未来走势的技术指标。

一、PSY 的计算公式

$$PSY(n) = \frac{A}{n} \times 100$$

其中，n 为天数，是 PSY 的参数；A 为 n 天中股价上涨的天数。

在实际应用中，n 一般定为 12 日。

例如，$n=12$，12 天之中有 3 天上涨，9 天下跌，则 $A=3$，$PSY(12)=25$。

这里上涨和下跌的判断以收盘价为准。

PSY 的取值范围是 0~100，以 50 为中心，50 以上是多方市场，50 以下是空方市场。

PSY 参数的选择是人为的，参数选得越大，PSY 的取值范围越集中、越平稳。

二、PSY 的应用法则

（1）PSY 的取值在 25~75，说明多空双方基本处于平衡状态。如果 PSY 的取值超出了这个平衡状态，则是超卖或超买。

（2）PSY 的取值过高或过低，都是行动的信号。一般来说，如果 PSY<10 或 PSY>90 这两种极端情况出现，是强烈的买入和卖出信号。

（3）PSY 的取值第一次进入采取行动的区域时，往往容易出错。一般都要求 PSY 进入高位或低位两次以上才能采取行动。

（4）PSY 的曲线如果在低位或高位出现大的 W 底或 M 头，也是买入或卖出的行动信号。

（5）PSY 线一般可同股价曲线配合使用，这时，前面讲到的背离原则在 PSY 中也同样适用。

PSY 所显示的买卖信号一般为事后现象，事前并不能十分确切地预测。同时，投资者的心理偏好又受诸多随机因素影响，随时调整，不可捉摸。特别是在一个投机气氛浓厚、投资者心态不十分稳定的股市中，PSY 的运用有其局限性。

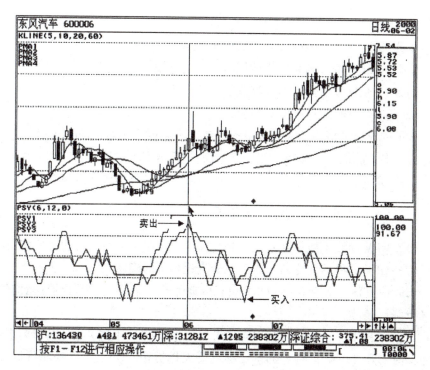

图 11-1　PSY 的实战应用

第二节 能量潮（OBV）

OBV 的英文全称是 On Balance Volume，即"平衡交易量"，人们更多地称其为能量潮，它是葛兰威尔在 20 世纪 60 年代提出来的。该指标的理论基础是市场价格的有效变动必须有成交量配合，量是价的先行指标。利用 OBV 可以验证当前股价走势的可靠性，并可以得到趋势可能反转的信号。比起单独使用成交量，OBV 看得更清楚。

一、OBV 的计算公式

假设已经知道了上一个交易日的 OBV，则：

今日 OBV＝昨日 OBV+sgn×今天的成交量

其中，sgn 是符号函数，其数值由下式决定：

sgn＝+1 今日收盘价≥昨日收盘价

sgn＝−1 今日收盘价<昨日收盘价

这里的成交量指的是成交股票的手数，不是成交金额。sgn＝+1 时，其成交量记入多方的能量；sgn＝−1 时，其成交量记入空方的能量。

计算 OBV 时的初始值可自行确定，一般用第一日的成交量代替。

二、OBV 的应用法则和注意事项

（1）OBV 曲线不能单独使用，必须与股价曲线结合使用才能发挥作用。

（2）OBV 曲线的变化是对当前股价变化趋势的确认。

当股价上升（下降），而 OBV 也相应地上升（下降），则可确认当前的上升（下降）趋势。

当股价上升（下降），但 OBV 并未相应地上升（下降），出现背离现象，则对目前上升（下降）趋势的认定程度要大打折扣。OBV 可以提前告诉我们趋势的后劲不足，有反转的可能。

（3）形态学和切线理论的内容也同样适用于 OBV 曲线。

（4）在股价进入盘整区后，OBV 曲线会率先显露出脱离盘整的信号，向上或向下突破，且成功率较大。

OBV 曲线是预测股市短期波动的重要判断指标，能帮助投资者确定股市突破盘局后的发展方向是上涨还是下跌；而且 OBV 曲线的走势，可以局部显示出市场内部主要资金的流向，有利于告示投资者市场内的多空力量对比。

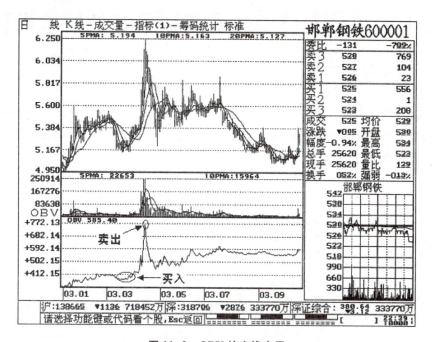

图 11-2　OBV 的实战应用

➡ **思考题**

（1）心理线（PSY）的计算过程及其应用？

（2）能量潮（OBV）的计算过程及其应用？

第十二章 大势型技术指标及其他技术指标

大多数技术指标都是既可应用于个股，又可应用于大盘指数。而大势型技术指标主要对整个证券市场的多空状况进行描述，它只能用于研判证券市场整体形势，而不能应用于个股。

一般来说，描述股市整体状况的指标是综合指数，如道琼斯指数、上证指数等。但无论哪种指数都不可能面面俱到，总有不尽如人意的地方。以下介绍的 ADL、ADR 和 OBOS 三个指数从某种角度讲，能够弥补综合指数的不足，提前向投资者发出信号。

第一节　腾落指数（ADL）

ADL（Advance/Decline Line），中文名称为腾落指数，即上升下降曲线的意思。ADL 是以股票每天上涨或下跌的家数作为观察的对象，通过简单算术加减来比较每日上涨股票和下跌股票家数的累积情况，形成升跌曲线，并与综合指数相互对比，对大势的未来进行预测。

一、ADL 的计算公式

假设已经知道了上一个交易日的 ADL 的取值，则今天的 ADL 值为：

今日 ADL＝昨日 ADL＋N_A－N_D

其中，N_A 为当天所有股票中上涨的股票家数；N_D 为当天所有股票中下跌的股票家数，涨跌的判断标准是以今日收盘价与上一日收盘价相比较（无涨跌者不计）。ADL 的初始值可取为 0。

二、ADL 的应用法则

（1）ADL 的应用重在相对走势，而不看重取值的大小。这与 OBV 相似。

（2）ADL 曲线不能单独使用，要同股价曲线联合使用才能显示出作用。

一是 ADL 与股价同步上升（下降），创新高（低），则可以验证大势的上升（下降）趋势，短期内反转的可能性不大。这是一致的现象。

二是 ADL 连续上涨（下跌）了很长时间（一般是 3 天），而指数却向相反方向下跌（上升）了很长时间，这是买进（卖出）信号，至少有反弹存在。这是背离的一种现象。

三是在指数进入高位（低位）时，ADL 并没有同步行动，而是开始走平或下降（上升），这是趋势进入尾声的信号。这也是背离现象。

四是 ADL 保持上升（下降）趋势，指数却在中途发生转折，但很快又恢复原有的趋势，并创新高（低），这是买进（卖出）信号，是后市多方（空方）力量强盛的标志。

（3）形态学和切线理论的内容也可以用于 ADL 曲线。

（4）经验证明，ADL 对多头市场的应用比对空头市场的应用效果好。

图 12-1　ADL 的实战应用

第二节 涨跌比率 (ADR)

ADR (Advance/Decline Ratio)，中文名称为涨跌比率，即上升下降比。ADR是根据股票的上涨家数和下跌家数的比值，推断证券市场多空双方力量的对比，进而判断出证券市场的实际情况。

一、ADR 的计算公式

$$ADR(N) = \frac{P_1}{P_2}$$

其中，$P_1 = \sum N_A$，为N日内股票上涨家数之和；$P_2 = \sum N_D$，为N日内股票下跌家数之和；N为选择的天数，是ADR的参数。目前，N比较常用的参数为10。ADR的取值不小于0。

ADR的图形以1为中心上下波动，波动幅度取决于参数的选择。参数选择得越小，ADR波动的空间就越大，曲线的起伏就越剧烈；参数选择得越大，ADR波动的幅度就越小，曲线上下起伏越平稳。

二、ADR 的应用法则

(1) 从ADR的取值看大势。

一是ADR在0.5~1.5是常态情况。此时，多空双方处于均衡状态。

二是在极端特殊的情况下，如出现突发的利多或利空消息引起股市暴涨或暴跌时，ADR常态的上限可修正为1.9，下限修正为0.4。超过了ADR常态状况的上下限，就是采取行动的信号，表示上涨或下跌的势头过于强烈，股价将有回头的可能。ADR处于常态时，买进或卖出股票都没有太大的把握。

(2) ADR可与综合指数配合使用，其应用法则与ADL相同，也有一致与背离两种情况。

(3) 从ADR曲线的形态上看大势。

ADR从低向高超过0.5，并在0.5上下来回移动几次，是空头进入末期的信号；ADR从高向低下降到0.75之下，是短期反弹的信号。

ADR先下降到常态状况的下限，但不久就上升并接近常态状况的上限，则说明多头已具有足够的力量将综合指数拉上一个台阶。

（4）在大势短期回档或反弹方面，ADR 有先行示警作用。若股价指数与 ADR 成背离现象，则大势即将反转。

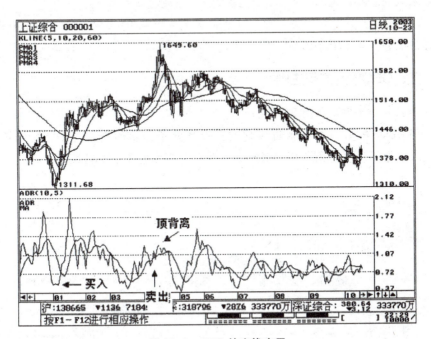

图 12-2　ADR 的实战应用

第三节　超买超卖指数（OBOS）

OBOS（Over Bought Over Sold），中文名称是超买超卖指数，也是运用上涨和下跌的股票家数的差距对大势进行分析的技术指标。与 ADR 相比，其含义更直观，计算更简便。

一、OBOS 的计算公式

OBOS 是用一段时间内上涨和下跌股票家数的差距来反映当前股市多空双方力量的对比和强弱。

OBOS 的计算公式为：

$$OBOS(N) = \sum N_A - \sum N_D$$

其中，$\sum N_A$、$\sum N_D$分别表示 N 日内每日上涨股票家数的总和与每日下跌股票家数的总和；天数 N 为 OBOS 的参数，一般选 $N=10$。

OBOS 的多空平衡位置是 0，也就是 $\sum N_A = \sum N_D$ 的时候。当 $OBOS>0$ 时，多方占优势；当 $OBOS<0$ 时，空方占优势。

二、OBOS 的应用法则

（1）根据 OBOS 的数值判断行情。

当 OBOS 的取值在 0 附近变化时，市场处于盘整时期；当 OBOS 为正数时，市场处于上涨行情；当 OBOS 为负数时，市场处于下跌行情。

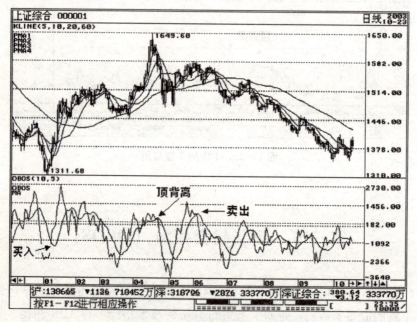

图 12-3　OBOS 的实战应用

当 OBOS 达到一定正数值时，大势处于超买阶段，可择机卖出；反之，当 OBOS 达到一定负数时，大势处于超卖阶段，可伺机买进。至于 OBOS 超买超卖的区域划分，受上市股票总的家数、参数的选择的直接影响。其中，参数选择可以确定，参数选择得越大，OBOS 一般越平稳；但上市股票的总家数则是不能确定的因素。这是 OBOS 的不足之处。

（2）当 OBOS 的走势与指数背离时，是采取行动的信号，大势可能反转。

（3）形态理论和切线理论中的结论也可用于 OBOS 曲线。

（4）当 OBOS 曲线第一次进入发出信号的区域时，应该特别注意是否出现错误。

（5）OBOS 比 ADR 的计算简单，意义直观易懂，所以使用 OBOS 的时候较多，使用 ADR 的时候较少，但放弃 ADR 是不对的。

第四节　其他技术指标

世界上的技术指标成百上千，它们都有各自的拥护者，常用指标或非常用指标仅仅相对于不同分析者的不同需要、不同喜好而言。技术指标可以在使用中不断变化、不断创新。以下简略介绍一些目前各类投资分析软件上常见的指标。

一、BOLL（路径型指标）

中文名称：布林线。

应用法则：

（1）BOLL 的上、中、下轨线均对价格产生支撑或压力作用。

（2）当价格处于中线以上运行时，是强势趋势；处于中线以下运行时，是弱势趋势。

（3）当价格突破上线或者下线时，会受到压力或者支撑而改变当前的运行方向，价格逐步向中线靠拢。

（4）当波带开口逐渐收窄时，预示价格将在今后一段时间进入盘整期；当波带开口放大时，预示着价格将在今后一段时间出现比较剧烈的波动，此时可以根据波带开口的上下方向，确定未来价格波动的主要趋势。

二、SAR（停损型指标）

中文名称：抛物线指标。

应用法则：应用方法与移动平均线的穿越原则相同。

（1）当股价线从下向上穿过 SAR 线时，是买入时机。

（2）当股价线从上向下穿过 SAR 线时，是卖出时机，应卖出股票以停止损失。

三、TOWER（图表型指标）

中文名称：宝塔线。

应用法则：

（1）TOWER 翻红之后，股价后市总要延伸一段上升行情。

（2）TOWER 翻黑之后，股价后市总要延伸一段下降行情。

（3）盘局时 TOWER 的小翻白、小翻黑，可依设定损失点或利润点的大小而决定是否进出。

（4）盘局或高档时 TOWER 长黑而下，应即时获利了结，将手中持股卖出；反之，翻白而上，则是介入时机。

（5）TOWER 翻黑下跌一段后，突然翻白，须防范为假突破现象，不可马上抢进，须观察数天。最好配合 K 线与成交量观察再作决定。

四、EXPMA（均线型指标）

中文名称：指数平均数。该指标克服了 MACD 指标信号滞后性的弱点，可以迅速反映出股价的跌涨。

应用法则：

（1）当黄色的 EXPMA1 曲线由下向上穿越绿色的 EXPMA2 曲线时，为买进时机。

（2）当黄色的 EXPMA1 曲线由上向下穿越绿色的 EXPMA2 曲线时，为卖出时机。

（3）股价由下向上接触 EXPMA 曲线时，很容易遭受很大的阻力而回档。

（4）股价由上向下接触 EXPMA 曲线时，很容易受到支撑而反弹。

（5）EXPMA 配合 MOM（动量线）指标使用，效果更佳。

五、CSI（选股型指标）

中文名称：股票选择指标。比较上市公司的 CSI 值，可选择投资价值较高的股票。

应用法则：

（1）CSI 数值越高，股票的投资价值越大。

（2）CSI 指标向上交叉其 n 日平均线时，表示该股票的投资利润较高。

（3）CSI 指标向下交叉其 n 日平均线时，表示该股票的投资价值较低。

（4）该指标应配合 DMI（趋向指标）、DX（趋向比例指标）和 VHF（十字过滤线）使用。

六、AR、BR 和 CR（人气型指标）

1. AR 指标

中文名称：人气指标。

应用法则：

（1）AR 值在 80~120 波动时，行情属盘整，价格走势比较平稳，不会出现太大波动。

（2）AR 值走高表示行情活跃，人气旺盛；过高则表示股价已进入高价区，应择机退出。一般情况下，AR 值大于 150 时，股价随时可能回档下调。

（3）AR 值走低表示人气涣散；过低则暗示股价可能跌入底部，可伺机进场。一般 AR 值小于 70 时，股价有可能随时反弹上升。

（4）AR 曲线具有先于价格到峰顶或跌入谷底的功能。当出现 AR 曲线与股价的背离时，可以应用背离原则进行分析。

（5）AR 指标最好与 BR 指标结合使用。

2. BR 指标

中文名称：买卖意愿指标。

应用法则：

（1）当 BR 值在 70~150 波动时，属盘整行情，应持观望态度。当 BR 值高于 300 以上时，股价可能随时回档下跌，应择机抛出；BR 值低于 40 以下时，股价可能随时反弹上升，应逢低买入。

（2）BR 指标有领先股价达到峰顶和谷底的功能，当出现 BR 曲线与股价的背离时，可以应用背离原则进行分析。

（3）如果 AR、BR 都急剧上升，说明股价离顶峰已经不远，应考虑获利了结。

（4）如果 AR 曲线被 BR 曲线从上往下穿破，并且处在低位，则是逢低买进的信号。

（5）如果 BR 曲线急剧上升，AR 曲线指标未配合上升，而是盘整或小回，是逢高出货的信号。

3. CR 指标

中文名称：中间意愿指标。

应用法则：

与 AR、BR 基本相同。其特征介于 AR 与 BR 之间，一般比较接近 BR。当 CR 低于 90 时，买进的风险不大；当出现 CR 曲线与股价曲线背离时，可以应用背离原则进行分析。

➡ 思考题

（1）如何使用腾落指数（ADL）？其计算过程是怎样的？

（2）如何使用涨跌比率（ADR）？其计算过程是怎样的？

（3）如何使用超买超卖指标（OBOS）？其计算过程是怎样的？

第十三章　常用的技术分析理论

第一节　波浪理论

一、波浪理论的形成历史及其基本思想

波浪理论是一种价格趋势分析理论，用来描述股票和期货交易价格波动的规律以及趋势。波浪理论是一种比较复杂而较难理解的技术分析方法，它的一些结论和预测，在开始时总是被认为很荒唐，但过后却不可思议地被证实。

1. 波浪理论形成过程

波浪理论的形成过程复杂。20 世纪 30 年代，美国技术分析大师艾略特（R. N. Elliott）发现并应用于证券市场，但没有形成完整的体系。20 世纪 70年代，柯林斯总结前人成果，完善了波浪理论，以专著《波浪理论》的出版作为波浪理论出现的标志。

2. 波浪理论的基本思想

艾略特认为，股价的波动如同大自然的潮汐一样，具有一定的规律性，即一浪跟着一浪，并且周而复始，展现出周期循环的必然性。波浪理论采用不同的周期方法，艾略特把周期分成规模不同的等级。在大周期中存在小周期，而小周期又可以再细分成更小的周期。每个周期按照同一固定的模式进行，这个模式就是 8 浪结构。

艾略特波浪理论的核心，是一个由 8 次波浪构成的股价变动的循环。每个股价变动的循环，均由 5 次上升波浪和 3 次调整波动构成。第 1~第 5 次波浪为上升波浪，其中第 1、第 3、第 5 次波浪为推动浪（Impulse Wave），第 2、第 4 次波浪为上升波浪中的调整浪（Collective Wave），如图 13-1 所示。波浪理论主要可分为波浪的形态、浪与浪之间的比例和形成的时间三个部分。每一

个波浪分成几个中波浪，每一个中波浪又分成许多小波浪，一个完整的股市循环一共细分为 144 个小波浪，如图 13-2 所示。该理论对股价变动趋势的发展具有明确的预测功能，适用于整体股价指数的分析与中、长期的投资研判。

　　波浪理论与道氏理论和弗波纳奇（Fibonacci）数列有密切的关系。道氏理论对价格的移动三个等级的划分与波浪理论是吻合的。艾略特进一步找到了移动发生的时间和位置。艾略特波浪理论中所用到的数字都来自弗波纳奇数列。

二、波浪的基本形态

　　波浪理论考虑三个因素——形态、比率和时间，形态最重要。形态是价格波动轨迹。比率是高点和低点的相对位置，可以确定将来价格波动可能达到的位置。时间是完成形态所用的时间，可以预先知道趋势来临的时间。

　　艾略特认为证券价格的上下波动是按照周期进行的。他发现，每一个周期（无论是上升还是下降）可以分成 8 个小的过程。8 个小过程一结束，一次大的行动就结束了，紧接着的是另一次大的行动。无论趋势规模大小，8 浪的基本形态结构是不会变化的。

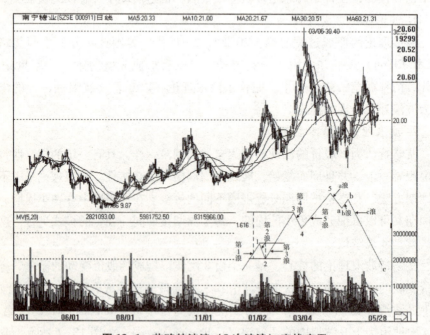

图 13-1　艾略特波浪（8 次波浪）实战应用

图 13-1 中，0~1 是第 1 浪，1~2 是第 2 浪，2~3 是第 3 浪，3~4 是第 4 浪，4~5 是第 5 浪。这五浪中，第 1、第 3 和第 5 浪称为主浪，而第 2 和第 4 浪称为调整浪。主浪完成后，就是三浪调整，这三浪是 5~a 的 a 浪、a~b 的 b 浪和 b~c 的 c 浪。

图 13-1 中，0~5 是一个大的上升趋势，5~c 是一个大的下降趋势。这样，8 浪结构也可以被当成 2 浪结构。3 浪的长度经常是 1 浪的 1.618 倍。

三、波浪的等级

应用波浪理论需要判断波浪的等级，区别大浪和小浪。等级高的大浪可以分解成很多等级低的小浪，多个小浪也可以合并成一个大浪。等级高低是相对的。图 13-2 是上升情况下的分解和合并示意图。

图 13-2，等级最高的是两个大浪，W_1 和 W_2。从 L_1 到 H 是第一大浪，从 H 到 L_2 是第二大浪。同时，第一等级的 W_1 可以分成 (1)、(2)、(3)、(4) 和 (5) 共 5 个浪，W_2 可以分成 (a)、(b)、(c) 共 3 个浪。一共有 8 个浪，它们是第二等级的波浪。第二等级的波浪可以再分解成第三等级的小浪，这就是图中的各个 1、2、3、4、5 以及 a、b、c，一共有 34 个。

如果升降方向与它上一等级浪的升降方向相同，则该浪分解成 5 浪；如果不同，则分解成 3 浪。例如，图 13-2 中的 (2) 浪，本身是下降，而 (2) 浪的上一等级 W_1 浪是上升，所以，(2) 浪分成 3 浪。

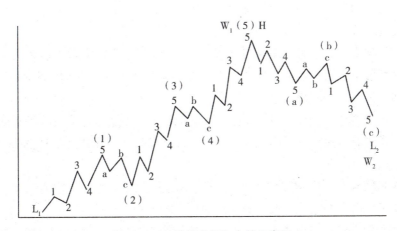

图 13-2　波浪的分解和合并示意图

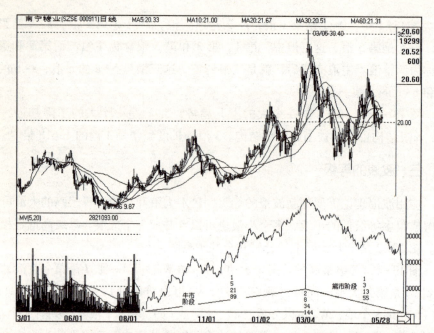

图13-3　艾略特波浪（144个波浪）实战应用

四、波浪的特性

（1）第1浪，大约半数的第1浪属于营造底部形态的一部分，跟随这类第1浪出现的第2浪的调整幅度通常较大；其余一半第1浪则在大型调整形态之后出现，这类第1浪升幅较为可观。

（2）第2浪，有时调整幅度颇大，令市场人士误以为熊市尚未完结，成交量逐渐缩小，波幅较细，反映抛售压力越来越小，出现传统图表中的转向形态，如头肩底、双底等。

（3）第3浪，通常属于最具爆炸性的波浪，运行时间及幅度经常属于最长的一个波浪，大部分时间成为延伸浪，成交量增大，出现传统性图表的突破信号，如裂口跳升等。

（4）第4浪，经常以较为复杂的形态出现，以三角形调整形态运行的机会也甚多，通常浪底不会低于第1浪的顶。

（5）第5浪，股市中第5浪升幅一般较第3浪为小。在期货市场，则出现相反情况，以第5浪成为延伸浪的机会较大。

（6）a 浪，市场人士认为市场形势仍未逆转，只视为一个短暂的调整。平势调整形态的 a 浪之后，b 浪将会以向上的"之"字形形态出现。如果 a 浪以"之"字形形态运行，则 b 浪多数属于平势调整浪。

（7）b 浪，升势较为情绪化，出现传统图表的牛市陷阱，市场人士误以为上一个上升浪尚未完结，成交疏落。

（8）c 浪，破坏力较强，与第 3 浪的特性甚为相似，全面性下跌。

第二节　量价理论

在技术分析中，研究量与价的关系占据了极重要的地位。成交量是推动股价或股票指数上涨的原动力，市场价格的有效变动必须有成交量配合。量是价的先行指标，是测量证券市场行情变化的温度计，通过其增加或减少的速度可以推断多空战争的规模大小和指数涨跌之幅度。运用技术分析方法研究未来股价或股票指数的趋势，如果不考虑和分析成交量的变化，都是舍本求末，就会削弱技术分析的准确性和可靠性。然而到目前为止，人们并没有完全掌握量价之间的准确关系。这里仅就目前常用的量价关系理论进行介绍。

一、古典量价关系理论——逆时针曲线法

逆时针曲线法是最浅显、最易入门的量价关系理论。它是通过观测市场供需力量的强弱，来研判未来走势方向的方法（见图 13-4）。

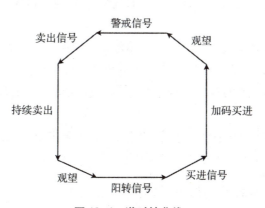

图 13-4　逆时钟曲线

其应用原则有八个阶段：

（1）阳转信号。股价经过一段跌势后，下跌幅度缩小，止跌趋稳；同时在低位盘旋时，成交量明显由萎缩转而递增，表示低档承接力转强，此为阳转信号。

（2）买进信号。成交量持续扩增，股价回升，逆时钟曲线由平向上时，为最佳买入时机。

（3）加码买进。当成交量增至某一高水准时，不再急剧增加，但股价仍继续上升，此时逢股价回档时，宜加码买进。

（4）观望。股价继续上涨，但涨势趋缓，成交量未能跟上，走势开始有减退的迹象，此时价位已高，不宜再追高抢涨。

（5）警戒信号。股价在高位盘整，已难创新高，成交量明显减少，此为警戒信号。此时投资者应做好卖出准备，宜抛出部分持股。

（6）卖出信号。股价从高位滑落，成交量持续减少，逆时钟曲线的走势由平转下时，进入空头市场，此时应卖出手中股票，甚至融券放空。

（7）持续卖出。股价跌势加剧，呈跳水状，同时成交量均匀分布，未见萎缩，此为出货行情，投资者应果断抛货，不要犹豫、心存侥幸。

（8）观望。成交量开始递增，股价虽继续下跌，但跌幅已小，表示谷底已近，此时多头不宜杀跌，空头也不宜肆意打压，应伺机回补。

逆时钟曲线法存在如下不足：

（1）尽管逆时钟曲线简单易懂，但对于复杂的 K 线量价关系无法做出有效诠释。

（2）股价剧烈波动，时常发生单日反转，若刻板地应用，会有慢半拍之感，不易掌握良好的买卖点。

（3）高位时价跌量增，量价背离形态未能呈现出来，无法掌握绝佳卖点；低位时的价稳量缩也无法呈现出来，不易抓住绝佳买点。

（4）上述第 8 项的观望阶段极易与高位价跌量增、杀盘沉重观念相互混淆，须注意。

尽管逆时钟曲线法有诸多缺点，但仍有其易于应用的正面价值，可以加以运用，但切勿陷入教条，须结合实际情况。

二、成交量与股价趋势——葛兰碧九大法则

美国股票投资专家曾说过"成交量是股市的元气，股价只不过是股票的

表征而已，成交量的变化是股价变化的前兆。"这一精辟的论述，道出了成交量与股价之间的密切关系。葛兰碧在对成交量与股价趋势关系研究之后，总结出下列九大法则：

（1）价格随着成交量的递增而上涨，为市场行情的正常特性，此种量增价升的关系，表示股价将继续上升。

（2）在一个波段的涨势中，股价随着递增的成交量而上涨，突破前一波的高峰，创下新高价，继续上扬。然而，此段股价上涨的整个成交量水准却低于前一个波段上涨的成交量水准。此时股价创出新高，但量却没有突破，则此段股价涨势令人怀疑，同时也是股价趋势潜在反转信号。

（3）股价随着成交量的递减而回升，股价上涨，成交量却逐渐萎缩。成交量是股价上升的原动力，原动力不足显示出股价趋势潜在的反转信号。

（4）有时股价随着缓慢递增的成交量而逐渐上升，渐渐地，走势突然成为垂直上升的喷发行情，成交量急剧增加，股价跃升暴涨；紧随此波走势，继之而来的是成交量大幅萎缩，同时股价急速下跌。这种现象表明涨势已到末期，上升乏力，显示出趋势有反转的迹象。反转所具有的意义，将视前一波股价上涨幅度的大小及成交量增加的程度而言。

（5）股价走势因成交量的递增而上升，是十分正常的现象，并无特别暗示趋势反转的信号。

（6）在一波段的长期下跌形成谷底后，股价回升，成交量并没有随股价上升而递增，股价上涨欲振乏力，然后再度跌落至原先谷底附近或高于谷底。当第二谷底的成交量低于第一谷底时，是股价将要上升的信号。

（7）股价往下跌落一段相当长的时间，市场出现恐慌性抛售，此时随着日益放大的成交量，股价大幅度下跌；继恐慌卖出之后，预期股价可能上涨，同时恐慌卖出所创的低价，将不可能在极短的时间内突破。因此，大量的恐慌卖出之后，往往是（但并非一定是）空头市场的结束。

（8）股价下跌，向下突破股价形态、趋势线或移动平均线，同时出现大成交量，是股价下跌的信号，明确表示出下跌的趋势。

（9）当市场行情持续上涨数月之后，出现急剧增加的成交量，而股价却上涨无力，在高位整理，无法再次向上大幅上升，显示了股价在高位大幅震荡，抛压沉重，上涨遇到了强阻力，此为股价下跌的先兆，但股价并不一定必然会下跌。股价连续下跌之后，在低位区域出现大成交量，而股价却没有进一步下跌，仅出现小幅波动，此即表示进货，通常是上涨的前兆。

三、涨跌停板制度下的量价关系分析

由于涨跌停板制度限制了股票一天的涨跌幅度，使多空的能量得不到彻底的宣泄，容易形成单边市。很多投资者存在追涨杀跌的意愿，而涨跌停板制度下的涨跌幅度比较明确，在股票接近涨幅或跌幅限制时，很多投资者可能经不住诱惑，挺身追高或杀跌，形成涨时助涨、跌时助跌的趋势。而且，涨跌停板的幅度越小，这种现象就越明显。目前，在沪、深证券市场中，ST板块的涨跌幅度由于被限制在5%，因而它的投机性也是非常强的，涨时助涨、跌时助跌的现象最为明显。

在实行涨跌停板制度下，大涨（涨停）和大跌（跌停）的趋势继续下去，是以成交量大幅萎缩为条件的。就涨停板时的成交量来说，在以前，看到价升量增，我们会认为价量配合好，涨势形成或会继续，可以追涨或继续持股；如上涨时成交量不能有效配合放大，说明追高意愿不强，涨势难以持续，应不买或抛出手中股票。但在涨跌停板制度下，如果某只股票在涨停板时没有成交量，那是卖主目标更高，想今后卖出好价，因而不愿意以此价抛出，买方买不到，所以才没有成交量。第二天，买方会继续追买，因而会出现续涨。然而，当出现涨停后中途打开，而成交量放大，说明想卖出的投资者增加，买卖力量发生变化，下跌有望。

类似地，在以前，价跌量缩说明空方惜售，抛压较劲，后市可看好；若价跌量增，则表示跌势形成或继续，应观望或卖出手中的筹码。但在涨跌停板制度下，若跌停，买方寄希望于明天以更低价买入，因而缩手，结果在缺少买盘的情况下成交量小，跌势反而不止；反之，如果收盘仍为跌停，但中途曾被打开，成交量放大，说明有主动性买盘介入，跌势有望止住，盘升有望。

在涨跌停板制度下，量价分析基本判断为：

（1）涨停量小，将继续上扬；跌停量小，将继续下跌。

（2）涨停中途被打开次数越多、时间越久、成交量越大，反转下跌的可能性越大；同样，跌停中途被打开的次数越多、时间越久、成交量越大，则反转上升的可能性越大。

（3）涨停关门时间越早，次日涨势可能性越大；跌停关门时间越早，次日跌势可能越大。

（4）封住涨停板时的买盘数量大小和封住跌停板时卖盘数量大小说明买卖盘力量大小。这个数量越大，继续当前走势的概率越大，后续涨跌幅度也

越大。

不过，要注意庄家借涨停板制度反向操作。比如，他想卖，先以巨量买单挂在涨停位，因买盘量大集中，抛盘措手不及而惜售，股价少量成交后收涨停。自然，原先想抛的就不抛了，而这时有些投资者以涨停价追买，此时庄家撤走买单，填卖单，自然成交。当买盘消耗差不多时，庄家又填买单接涨停价位处，以进一步诱多。当散户又追入时，庄家又撤买单再填卖单……如此反复操作，以达到高挂买单虚张声势诱多，在不知不觉中悄悄高位出货。反之，庄家想买，他先以巨量在跌停价位处挂卖单，吓出大量抛盘时，他先悄悄撤除原先卖单，然后填写买单，吸纳抛盘。当抛盘吸纳将尽时，他又抛巨量在跌停板价位处，再恐吓持筹者，以便吸纳……如此反复。所以，在此种场合，巨额买卖单多是虚的，不足以作为判断后市继续先前态势的依据。判断虚实的根据为是否存在频繁挂单、撤单行为，涨跌停是否经常被打开，当日成交量是否很大。若回答为是，则这些量必为虚；反之，则为实，从而可依先前标准做出判断结论。

第三节　循环周期理论

一、循环周期理论

在自然界，事物的发展与变化，多数都有较稳定的周期，各种变化按一定周期顺序地循环出现，例如，自然界的四季交替、一代代人的出生死亡等。在股市中循环周期规律也同样存在。

股市永远是涨跌交替的过程，同样的变化不断重复，上涨趋势完结会转变为下跌趋势，下跌趋势完结又会转变为上涨趋势。从长期实践中人们发现这些循环现象有按周期重复出现的特征，从一个明显低点到下一个明显低点的时间间隔大致相等，从一个明显高点到下一个明显高点之间的时间间隔也大致相等，这样就产生了专门研究这种时间现象的循环周期理论。

二、循环周期理论实战要点

（1）股市趋势存在循环周期的变化。从一个明显低点到下一个明显低点为一个循环周期，从一个明显高点到下一个明显高点也为一个循环周期。

（2）低点到低点的循环周期比高点到高点的循环周期可靠。

（3）在股市运动中存在大小不同的循环周期。大循环周期中包含着小循环周期，多个小循环周期组成一个大循环周期。从实践来看，可把周期分为四级：基本趋势以明显低点为准是大循环周期，时间跨度从几年到几十年；次级趋势以明显低点为准是中循环周期，时间跨度从两三星期到几个月；短期趋势以明显低点为准是小循环周期，时间在两个星期以内；并且在即时行情变化中还可划分出微型循环周期，时间从几分钟到两个小时。

（4）以四个以上连续的明显低（高）点之间的时间间隔为基础计算出的算术平均值即为某一级的循环周期。对于明显低点的辨别可按趋势的某一级别确定。

（5）以某个循环低（高）点为准按循环周期计算出的下一个循环低（高）点会有±15%的误差，按±5%确定的时间区间称为时间窗口，一般情况下后一个循环低（高）点将在时间窗口出现。

（6）在时间窗口内按时出现的低（高）点越多说明计算出的循环周期越可靠、越有效。

（7）循环周期不因突发事件的影响而改变其周期或时间窗口。

（8）循环低（高）点不会全在同一价位水平上出现，它们是相对的低（高）点，不是绝对的低（高）点，不管循环低（高）点的绝对数值高低，一般会在时间窗口内按时出现。

（9）如果计算出的循环周期是正确的，则大部分循环低（高）点都会按时出现在时间窗口内，但也会有例外现象，个别循环低（高）点提前或推后（不在时间窗口内）是正常的，不可避免的。

（10）循环周期理论并不保证未来从循环低点上涨的幅度或由循环高点下跌的幅度，这种幅度一般不相等，但至少是明显的。

三、循环周期理论的分析

循环周期理论研究股价变化的时间规律，只有股价发生涨跌变化才能分析并确认循环周期的存在，所以分析循环周期离不开对股价变化的研究，股价变化是循环周期理论分析的依据。循环周期理论的代表人物伯恩斯坦（Bernstein）提出循环周期理论的四种买卖信号。

（1）突破信号。当股价由下向上突破向右下方倾斜的阻力线时循环低点确立，可以买入。股价连续突破的阻力线较多，上升趋势持续越长。当股票由上向下突破向右上方倾斜的支撑线时循环高点确立，可以卖出。股价连续突破的支撑线越多，下降趋势持续时间越长。

（2）转向信号。按方向分为向上转向和向下转向两种，按信号强烈程度分为普通转向和特殊转向（强烈转向）两种，共有四种转向信号。

向上普通转向信号：当日最低价低于前一日最低价，同时当日收盘价高于前一日收盘价，属买入信号。

向上特殊转向信号：当日最低价低于前一日最低价并且当日最高价高于前一日最高价，同时当日收盘价高于前一日收盘价，属较强买入信号。

向下普通转向信号：当日最高价高于前一日最高价，同时当日收盘价低于前一日收盘价，属卖出信号。

向下特殊转向信号：当日最低价低于前一日最低价并且当日最高价高于前一日最高价，同时当日收盘价低于前一日收盘价，属较强卖出信号。

（3）高低收盘价信号。如果当日 K 线全长定义为当日波幅，若当日最高价与当日收盘价之差大于当日波幅的 10%，即接近追高价收盘，称为高收；若当日收盘价与当日最低价之差不大于当日波幅的 10%，即接近最低价收盘称为低收。

如果某日收盘价低收，后一日收盘价高收，构成由低到高的转势特征，是买入信号；如果某日收盘价高收，后一日收盘价低收，构成由低到高的转势特征，是卖出信号。

（4）三高三低信号。如果当日收盘价高于相邻的前三个交易的收盘价是三高买入信号；如果当日收盘价低于相邻的前三个交易的收盘价是三低卖出信号。

总体上看，伯恩斯坦提出的四种买卖信号和一些常见指标分析股价的买卖信号原则大同小异，都是以股价的转向或突破等变化作为对顶部或底部的确认。循环周期理论强调时间因素必须和股价结合研判，循环周期不能脱离股价的趋势变化，这是循环理论的核心。

循环周期理论还有一个特点，就是观察目标的单向性。利用循环周期理论分析时，在以循环低点计算出的时间窗口内，只观察买入信号是否出现，不考虑卖出信号是否出现，即以买入信号为准，只准备买入信号出现时做买入操作，这时出现卖出信号也不应该卖出。在以循环高点计算出的时间窗口内，只观察卖出信号是否出现，不考虑买入信号是否出现，即以卖出信号为准，只准备卖出信号出现时做卖出操作，这时出现买入信号也不应该买入。

第四节　相反理论

一、相反理论原理

相反理论基于这样一个原则：当市场内投资者趋于一致性地看好后市时，后市将会下跌；当市场内投资者趋于一致性地看淡后市时，后市将会上涨。用中国传统哲学概括就是"物极必反"。

相反理论认为在趋势运行过程中，如果进行统计，将会发现超过半数的投资者对基本趋势方向的判断是正确的，但是在趋势即将逆转之时，投资者的看法会趋于一致性地出现错误。

为什么会出现这种现象呢？

以上升趋势来说，在上升趋势刚出现时，市场内多空双方意见不一，但多方人数略多，可以推动股价上涨，空方只能使上涨趋势出现回档却不能阻止上升趋势继续，这时就到了上升趋势发展阶段，此时更多投资者注意到上升趋势已成定局，于是不断有投资者由空翻多加入到多方阵营，这时多数投资者的看法是正确的。空翻多导致多空双方的实力对比更加悬殊，上升趋势发展更快，引发更多的空翻多现象。在这种不断循环发展的过程中达到了上升趋势的最后阶段——结束阶段，这时空翻多现象已发展为一致性行为，市场情绪狂热，几乎所有人都看好后市，导致能够投入的资金已经全部投入，资金来源枯竭。这时危机到来了，资金几乎全部投入导致后续资金不足，剩余资金相对于筹码的数量之比出现巨额空缺，失去足量资金的不断补充支撑，股价不可能再维持高位，下跌即变为现实，于是上升趋势在万众欢呼中结束。

这种"一致性看好——全部资金投入——资金来源枯竭——股价失去支撑——下跌"，正是牛市中所有人都犯错误的根源。表面上一致性看好后市而股价反而下跌难以理解，本质上一致看好之时会把多方的弹药（资金）用尽才是股价下跌的直接原因，没有弹药的队伍是无法打胜仗的。

在下降趋势出现时，市场内空方人数略多，推动股价不断下跌，多方只能使下跌趋势出现反弹，但不能阻止下降趋势继续，于是才出现了下降趋势发展阶段，这时更多投资者注意到下降趋势已成定局，不断有投资者由多翻空，加入到空方阵营，这时多数投资者的看法是正确的。多翻空导致多空双方实力对比更加悬殊，下降趋势发展更快，引发更多的多翻空现象。在不断发展的过程中达到了下降趋势的最后阶段——结束阶段，这时多翻空现象已发展为一致性行为，市场情绪冷淡低迷，几乎所有人都看淡后市，能够抛出的筹码已经全部抛出，浮动筹码枯竭。这时转机来了，筹码几乎全部抛出，导致筹码不足，市场内剩余资金相对于浮动筹码的数量之比出现巨额盈余，没有新筹码的不断补充，股价在相对越来越多的资金支持下不可能维持低位，上涨即变为现实，于是下降趋势在几乎无人理睬之时结束。

这种"一致性看淡——全部筹码抛出——浮动筹码枯竭——资金盈余——股价上涨"是熊市中所有人犯错误的根源。表面上一致看淡后市而股价反而上涨难以理解，本质上一致看淡后市之时已经把空方的弹药（筹码）用尽才是股价上涨的直接原因。

二、相反理论的定量分析

依据相反理论进行市场的实际操作并不容易，因为相反理论的定量分析比较困难。

相反理论的定量分析一般以"好友指数"为依据。"好友指数"理论上从0%到100%，表示市场内看好后市者占全部投资者的百分比。全体一致性看好后市则"好友指数"为100%；全体一致性看淡后市则"好友指数"为0；如果有一半投资者看好后市则"好友指数"为50%，这时表示市场内多空双方力量均衡，股市运行方向不明。

通常"好友指数"以50%为中心呈现正态分布形态，越靠近50%出现概率越大，越接近0或100%出现概率越小。一般情况下，如果"好友指数"为40%～60%表示多空双方力量平衡后市方向不明。如果其在20%～40%可分两种情况：一种是股价仍在下跌，后市仍然不乐观；另一种是股价刚开始出现上涨，这时正处于复苏阶段，后牛市看好。处于60%～80%也可分为两种情况：一种是股价仍在上涨，后市仍可看好；另一种是股价刚开始出现下跌，这时处于下跌初期而狂热已过，后市看淡。如果处于10%～20%，一般表示至少是一次阶段性底部。如果在0～10%则是一次难得的买入时机。如果处于80%～90%，一般表示至少一次阶段性顶部已经接近。如果在90%～100%则是一次难得的最佳卖出时机，具体情况如表13-1所示。

表 13-1　"好友指数"与股价运行趋势之间的关系

好友指数区间	股价方向配合	后市
0~10%	—	强烈看好
10%~20%	—	一般看好
20%~40%	下跌	一般看淡（下跌为止）
	上涨	一般看好（上涨初起）
40%~60%	—	方向不明
60%~80%	上涨	一般看好（上涨为止）
	下跌	一般看淡（下跌初起）
80%~90%	—	一般看淡
90%~100%	—	强烈看淡

表 13-1 中对于"好友指数"的区分只是一个大致的标准，每个市场的情况不同，具体市场的分布情况应根据实践具体分析。

从表 13-1 中还可以看出，相反理论针对大势不针对个股，"好友指数"不能单独使用，还必须配合对股价的分析以及对其他指标的分析。

上述"好友指数"的定义很简单，实际应用却有许多难处，最大的困难是统计数字难以搜集。不可能对市场中的每位投资者进行这种经常性统计，一般只能通过对公共传媒中的评论加以整理而进行统计，因为公共传媒可以代表一部分投资者的看法。

三、相反理论应用中的误区

相反理论解释了市场中物极必反的本质现象，反映了客观规律，越来越多的人理解并尝试应用相反理论，但成功率并不高，这是因为使用者陷入了相反理论应用的误区——滥用相反理论。

滥用相反理论表现在股价趋势仍在上涨、多数投资者看好之时，部分投资者会误以为现在是应用相反理论的时机，自作聪明地抛出股票，岂料聪明反被聪明误，股价仍在上涨，白白错过一大段将要到手的利润，这时往往不甘心而再次买入，结果落得顶部套牢的噩运。

滥用相反理论表现在股价趋势仍在下跌，多数投资者看淡之时，部分投资者会误以为又是应用相反理论的时机，自作聪明地买入股票，岂料股价仍在下跌，再次被套。

上述两种情况都是对相反理论理解不透彻所致，相反理论承认多数投资者在基本趋势的判断上是正确的，并且在多数时间上正确，只有当市场人士的看法已经能够发展到空前的一致性这种极端情况时才会出现整体性的错误，极端情况的出现毕竟是极少数。所以，不要试图在出现这种极端情况之前就投入资金或卖出筹码，真理再多迈一步也许就是谬误，相反理论应用得不当，就会陷入逆势而为的窘境。

上述应用的误区从本质上讲仍未脱离相反理论指出的现象：在上升趋势中仍然有部分（自以为应用相反理论的）投资者做出卖出的决定，说明市场中并未达到"空前的一致性"看好，自然上升趋势不会见顶结束；下降趋势也是一样，如果仍然有部分（自以为应用相反理论的）投资者在买入，说明市场未达到"空前的一致性"看淡，自然下降趋势不会见底回升。客观规律是不会欺骗投资者的。相反理论指出市场必须达到真实的空前一致性之后才会出现逆转，也就是说，几乎所有投资者都已经忘记相反理论的作用时相反理论才会发生作用，这正是相反理论的玄妙之处。

第五节　随机漫步理论

一、随机漫步理论的要点

随机漫步理论最早由美国著名经济学家萨缪尔森（Paul A. Samuelson）提出，其要点是：股价的运动是杂乱无章的、随机的，没有什么规律。

股票价格变动围绕其价值波动。股票的市场价格是所有投资者依据各种影响因素共同评价的结果，故影响因素不变，股价也不会变化。影响股价的因素改变才会造成股价的上下波动，这些影响因素的变化是无序的、随机的，因此股价变化也是随机的。

此外，某次涨跌并不意味着后市的涨跌，后市的股价变化不会受前面变化的影响，股价不具有趋势性，历史不会重演。

二、对随机漫步理论的几点疑问

很明显，随机漫步理论对整个技术分析体系提出了挑战，如果其理论成立则可推翻全部技术分析理论。技术分析家们对随机漫步理论尚存的疑问主要有：

（1）股价变化具有明显的趋势特征，一旦某种趋势出现，就会延续一段时间而不会轻易改变。这样看来前面的股价变化直接影响后面的股价变化，并非随机出现。可以举出大量事实证明这一点，而且从时间上来看，股价运动在多数时间里都在向某个特定的方向运动。如果连续上涨三天收盘价分别为 10元、11 元、12 元，则第四天高于 12 元的可能性远大于低于 12 元的可能性，类似的情况很多。

（2）相当数量的成功预测都是建立在对股价历史数据的研究上，说明历史会重演。

（3）股票价格变化围绕其价值上下波动本身就是一种客观规律，这说明股价不是"随机"出现的，而是围绕某个中心有规律地运动。

（4）随机漫步理论的一个实验证据是股价暴涨暴跌现象很少，涨跌比例越小出现概率越大，因此买跌还是买涨看运气，股价是随机变动。但这是错误的推理造成的。上述涨跌比例的概率分布结果并不能证明股价是随机变动，两者不存在因果关系。这一点上随机漫步理论又出现了严重的逻辑错误。上述实验结果是一种正态分布图形，正好说明了股价变化是有秩序、有分布规律的。真正的随机分布是指在全部区域内无序地均匀分布（布朗运动），这一点上随机漫步理论出现了严重的自然科学错误。

三、随机漫步理论的价值

虽然技术分析家们认为随机漫步理论的结论是不正确的，不过该理论仍有存在价值。

（1）随机漫步理论作为技术分析的对立面可以促使分析者更加审慎地对待研究，从反面促进了技术分析的进步。

（2）随机漫步理论提醒我们：中长期趋势的规律是明显而容易把握的，而短期趋势的规律不明显且随机性很强，造成对短期趋势较难预测，这一点在利用各种指标进行技术分析和实际操作中必须充分认识。这也是随机漫步理论对技术分析的又一贡献。

第六节　混沌理论

混沌理论也称为非线性动力学，是最近几十年出现的新兴学科。它的理论基础之一是分形几何，即不管你在多么微小的尺寸上观察事物，它的每一部分都呈现出与整体相似的形状。这种特征在证券市场中也存在。周K线图看上去与日K线图、小时K线图、分钟K线图的形状十分相似，这就是证券市场价格的分形特征，我们可以应用分钟K线图或小时K线图来推断日K线图或周K线图的形状，为投资决策服务。

为了获取交易收入，实际上并不需要对未来做出精确的预测，重要的是预测交易中图形的形状、模式和交易趋势。混沌理论可以辨认出图形形状，但并不能给出其精确尺度和变动。

除了上述几种理论外，技术分析还有一些方法在进行行情判断时有很重要的作用，它们大部分是有关某一方面的具体结论，不是对市场整体的结论。

➡ 思考题

（1）什么叫波浪理论？如何运用？
（2）简述量价理论的主要内容。
（3）简述循环周期理论的主要内容。
（4）简述相反理论的主要内容。
（5）简述随机漫步理论的主要内容。

第十四章 技术分析在我国股市的运用

我们要想对市场进行全面、透彻的技术分析，必须结合多种方法来综合分析，否则可能会陷入"盲人摸象"的境地。鉴于此，本章将以 2014 年 10 月的上证指数为例，给出一种综合分析的方法，希望能起到抛砖引玉的作用。

根据长线护短的原则，让我们对时间跨度从长到短逐一分析。首先来看图 14-1 的季 K 线图。

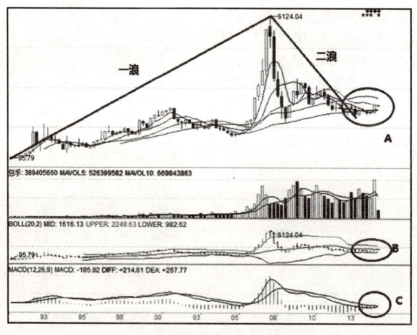

图 14-1　上证指数 1990~2014 年季 K 线

图 14-1 中，我们可以清晰地看出：从最大级别上看，自 1990 年上海证券交易所成立以来至 2007 年的 6124.04 点是第一大浪，2007~2014 年是第二大

214

浪，是针对第一浪进行调整。根据波浪理论，如果第二浪结束，理应进入第三浪主升浪当中，届时涨势将更为强劲。

但问题是第二大浪结束了吗？熊市已经 7 年了，是否会继续延续下去？还是已经结束？要回答这个问题，需要结合其他的分析方法。

首先在 C 处，MACD 出现金叉。图中季线级别的金叉只出现过几次，分别是：第一次在 1991 年 9 月，之后大盘从 200 点上涨到 1992 年的 1429 点；第二次在 1996 年 12 月，之后大盘从 852 点上涨到 2245 点；第三次在 2006 年 9 月，之后开启了最著名的一轮大牛市，从金叉时的 1541 点上涨到了 6124 点；而第四次金叉就是 2014 年底。可见，MACD 在季 K 线的每一次金叉之后都出现了少则翻倍多则翻数倍的大牛市行情。从这一点就可以怀疑牛市行情即将展开。在 B 处，布林带高度缩口，预示着整理到位、大行情将要展开。A 处的季 K 线受到 60 日长期均线的支撑并开始上扬。这些都在配合 MACD 的金叉，增加了金叉的可信度。

虽然从季 K 线上能够看出大级别的行情变动，但季 K 线的每一根 K 线都须经过 3 个月的时间才能形成，其速度太慢，在时间、点位上都不够精确。要想把握住当前的趋势，还需要进一步的细化。因此，让我们缩小一个层级，看看月 K 线的情况。

图 14-2　上证指数 2007 年 9 月～2014 年 10 月月 K 线

在波浪理论中，第二大浪属于调整浪，应该包括三个小一级别的中浪。在图 14-2 中就可以清晰地划分出 A、B、C 三个中浪。虽然 A、B、C 的调整浪潮可能出现不标准的形态，但 C 浪并没有继 A 浪之后创出新低，实属不妥。这是因为 C 浪没有走完，还是因 C 浪下跌幅度太弱以致无力破底？如果是前者，熊市还将持续；如果是后者，C 浪的疲弱预示着将来牛市的强劲。C 中浪包括 5 个小浪，对 C 浪进一步拆分。如图 14-3 所示，从 5 个小浪可以看出：C 中浪是一个楔形浪。楔形浪的特点是每一个小浪都是由 3 个微浪构成，其波动区间由下降趋势线和下降轨道线框定。两条线逐渐接近，波动范围逐渐收窄，将在第 5 个小浪之后产生突破，进而结束这一中浪。楔形浪通常出现在一段行情的末尾，是唯一一种允许 1 浪和 4 浪重叠的波浪。显然，C 浪的疲弱、熊市进入第 7 个年头都符合楔形浪的特点。从这一点上，可以接受因 C 浪疲弱、而非 C 浪没有走完才未能创出新低的观点。

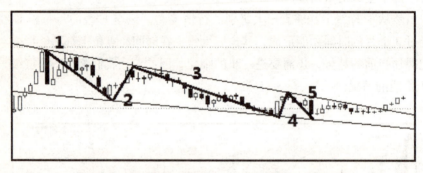

图 14-3　上证指数 2009 年 2 月~2014 年 10 月月 K 线

在图 14-2 圆圈处，指数已然上破下降趋势线，预示着 C 浪和熊市的结束。同时，成交量出现了底部放量的态势，无疑配合了反转上破的过程。这加强了我们对牛市到来的信心。

图 14-4 是对图 14-2 末端的放大。在 A 处，先是一根大阳线上破下降趋势线和均线组，之后三根 K 线依托 5 月均线上行，均线组也从水平转为上扬，而且即将出现金叉。而这种情况自 2009 年 8 月就从未出现过，说明市场结构的改变。而 B 处 MACD 的金叉也配合了上破这一过程。总之，市场的方向感、波动特性已经不具备熊市所应有的性质。

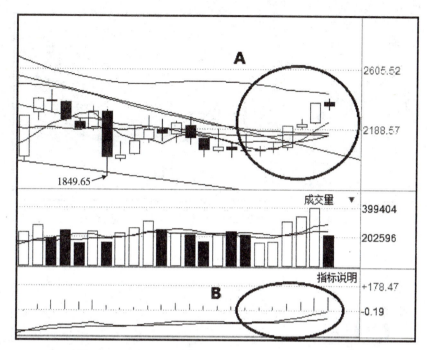

图 14-4　上证指数 2012 年 12 月~2014 年 10 月月 K 线

让我们进一步观察周 K 线的情况。

图 14-5 显示的是 2013 年 2 月到 2014 年 10 月上证指数周 K 线图，图 14-6 显示的是 2005 年 3 月到 2006 年 3 月的上证指数周 K 线图。技术分析的根基在于三大假设，其中就包含"历史会重演"这一条。图 14-5 和图 14-6 存在着高度相似，其 A、B、C、D、E 点都可以一一对应上。图 14-6 在 E 点之后是 2006~2007 年的一飞冲天。虽然作者不敢肯定之后的大盘也会如此疯狂，底部已经是证据确凿。从市场结构上，蓝筹股已经止跌筑底、大量股票企稳反弹，甚至出现不少翻倍股。很多个股市盈率跌破 10 倍，破净股、低价股遍地都是。同时，在 2014 年上半年（图 14-5 的 D 处）市场情绪极度悲观，破底之声四起，甚至不乏跌破 1664 点的言论，大盘却始终未创新低；而在 E 处反弹了 20%，市场的看涨之声寥寥无几，投资者依旧沉浸在熊市的寂静中，市场情绪较为极端。可见，无论从个股表现、市场情绪上还是从大盘中长期技术面的方面，都完全具备了牛市初期的特征。总之，从这些迹象上看，可以完全肯定熊去牛来的观点。

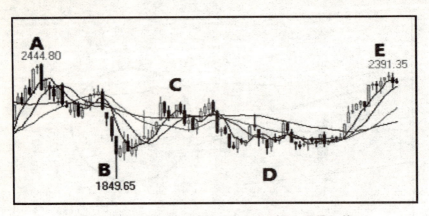

图 14-5　上证指数 2013 年 2 月~2014 年 10 月周 K 线

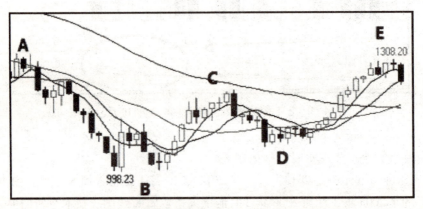

图 14-6　上证指数 2005 年 3 月~2006 年 3 月周 K 线

　　牛市并不都是一帆风顺的，中间要经历若干轮洗盘、调整、震荡的历练。当我们继续分析，就会发现大盘存在调整的可能。在此之前先介绍一下三均线法则。

　　我们都知道移动平均线是对运用若干根 K 线收盘价格的平均值做出的。例如，第 T 日的 5 日移动平均线的位置，是 T-4、T-3、T-2、T-1、T 这 5 天的收盘价格的平均位置。作图时，这一平均价格画在了 T 日。但实际上，这个数值取的是从 T-2 日向前延伸 2 天、再向后延伸 2 天之后的范围，其重心应该是在 T-2 日，而非 T 日。同理，11 日移动平均线应该是在 T-5 日到达其震荡中心，而不是当前的 T 日，因此均线存在一定的滞后性。同时，周期越短的均线滞后性越弱，周期越长的均线滞后性越强。

对此，将5日均线向左平移2天，11日均线向左平移5天，21日均线向左平移10天就消除了这种滞后状态，让它们更好地反映当时盘势。如果这三条经平移过的均线能够交叉共振，该点就是一轮行情的中间所在。例如，图14-7是沪深300指数在2006年3月~2012年6月的月K线，其中A、B、C、D、E都处在当时行情的中间点，其上方和下方的空间基本一致。

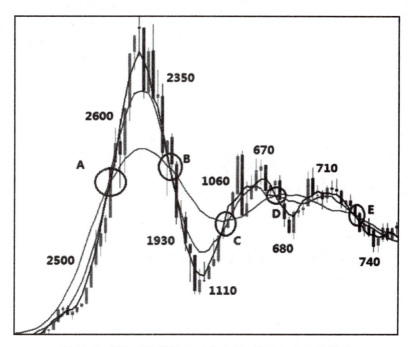

图14-7　沪深300指数2006年3月~2012年6月月K线

类似地，在周K线上也能找出大量的依据。例如，图14-8和图14-9。图14-9是现阶段沪深300指数，其中F点下方为206点，上方已运行了209点。从这一点上可以认为，该上升行情将告一段落，并迎来一个调整周期。

图14-10中还能看到其他信号：行情上破了下降趋势线L_3、双底颈线L_2，但没有进行过回抽确认，上方正受到阻力线L_1的压制。A处均线组已呈现出明显的多头排列，但K线与中长期均线距离偏大，受到均线的引力，有回调的可能。从K线排列上看，也有要回档的趋势。在B处，KDJ指标高位钝化死叉，预示着回档。上述都是行情要展开调整的征兆。不过还要谨记：从月K线、季K线上牛市大基调已定，就算调整也不会影响大势的方向。

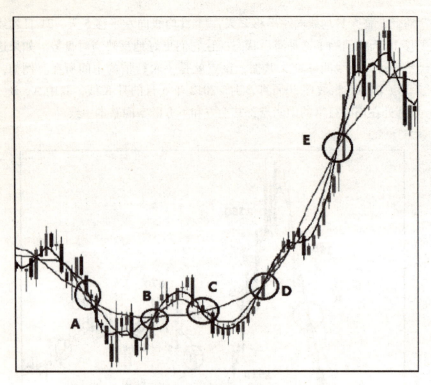

图14-8　沪深300指数2005年1月~2006年8月周K线

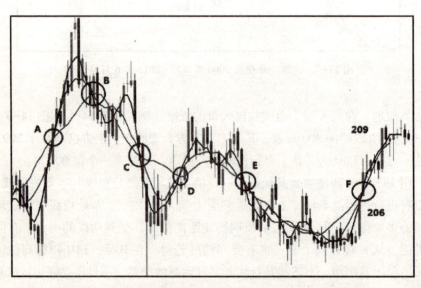

图14-9　沪深300指数2012年10月~2014年10月周K线

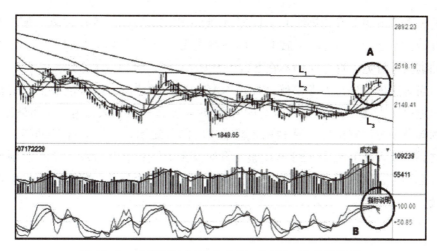

图 14-10   上证指数 2012 年 2 月~2014 年 10 月周 K 线

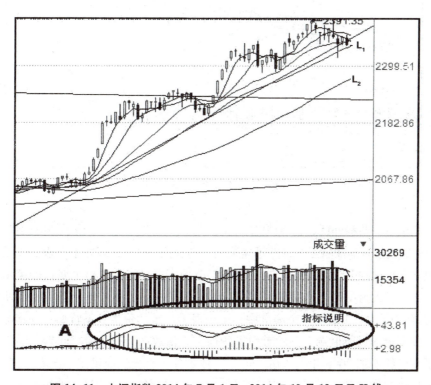

图 14-11   上证指数 2014 年 7 月 1 日~2014 年 10 月 12 日日 K 线

接下来，把观察层级进一步缩小。从日 K 线上看，图 14-11 中大盘已经突破 3 个月来的上升趋势线 L₁，同时 A 处的 MACD 指标连续顶背离，预示着上升动力不足。一旦确认下破 L₁，回档将正式展开，这将是对前期颈线 L₂ 的回抽确认。可见，这轮回调不宜下破 L₂，否则会影响到上升的力度。

当运用历史进行参考，就会发现 MACD 连续顶背离、指数依旧上升的情况最近一次出现在 2009 年，即 1664 点到 3470 点那一波的大行情中，而最近 5 年的熊市中再没有出现。图 14-12 就是当时的日线图。在经历 A 处的指标背离之后，仅仅在 B 处象征性地调整了几个交易日，指数就继续向上。反观当下，会不会也出现类似的情况？即将到来的回调是否只是蜻蜓点水？这值得怀疑。

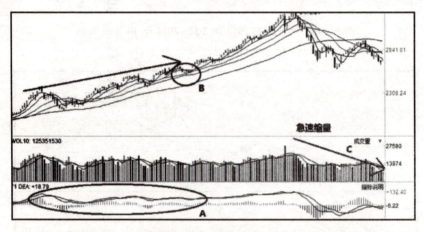

图 14-12 上证指数 2009 年 1 月 12 日~9 月 30 日日 K 线

稍微说一些题外话，在 2009 年行情的尾声，成交量已经给出了转熊的信号。C 处的成交量呈潮汐状退去，并迅速萎缩至高点的 1/3，其间并未出现成交量的快速放大。这种中线级别的量能退潮表明市场不再热络，发出了变盘的警示信号。之后，大盘在几个月的宽幅震荡后就进入了熊市。类似地，图 14-13 所显示的 2007 年大牛市最后一个浪潮中，也出现了严重的价量关系背离——指数上升，成交量却量能退潮，预示着引擎的熄火。指数在滑行一段时间后，随即开始了刻骨铭心的 2008 年大熊市。可见，技术分析为我们提供了一条安全通道，让我们能在熊市到来前安全脱身。可见，如有朝一日出现了量能大幅退潮，就应时刻加强警惕。不过目前还未到这个时候。

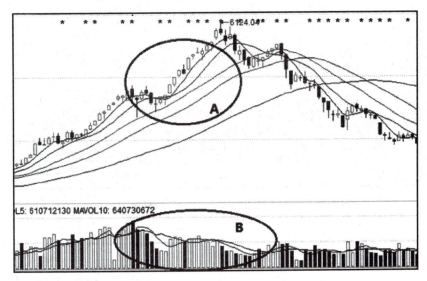

图 14-13　上证指数 2006 年 12 月~2008 年 8 月周 K 线

回到图 14-11，并与图 14-12 对比后我们认为：就算调整展开，幅度可能有限。因此，当大盘回调几十个点后出现止跌信号即可入场，也可以在强势上破图 14-10 的 L_1 处适当追入。未来的利润将是可观的。

最后的一个问题就是选股。在牛市初期，市场情绪相对悲观，不宜炒作估值过高、涨幅过大的股票。相反，估值较低、前期调整充分，又具备一定题材可供炒作的个股将是反弹的龙头。例如，太钢不锈（图 14-14），从 2007 年的 21.76 元经历一系列的下跌，最低跌至 2.27 元，跌幅接近 90%，调整十分充分。当时的每股净资产为 4.36 元，破净严重。这时，如果反弹 10% 到 4 元以上，那就是翻倍的行情。如果价格能反弹到前期高点，那就是翻 10 倍的机会。这种涨幅相对于已处在高位的股票来说会容易很多。从题材上，太钢不锈具备着特钢、核电核能的属性，为炒作提供了依据。从技术面上，在图 14-15 中 A 处突破双底颈线，随后价格飞涨，在三个涨停后达到了 4.75 元，实现了迅速翻倍的行情。当然，目前该股涨幅过大，需要一定的回调才能再次介入。当前类似个股还有很多，不妨换入其他具有翻倍潜力的股票，以获取更大的收益。总之，牛市初期同样具有翻倍的机会，值得去好好把握。

对于本章的分析思路希望读者能有所体会，并加以借鉴。对于当前形势的分析，可以具体总结如下：

（1）从指标、指数、市场结构、市场情绪方面，表明熊市结束，进入牛

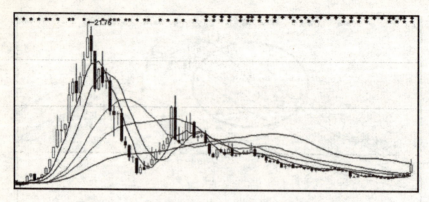

图 14-14　太钢不锈 2006 年 4 月~2014 年 10 月月 K 线

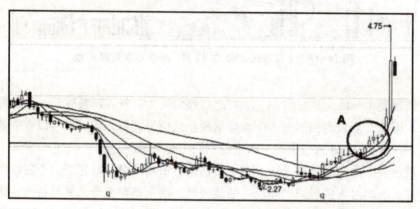

图 14-15　太钢不锈 2013 年 1 月~2014 年 10 月周 K 线

市初级阶段。

（2）大盘正面临调整，幅度不会太深，强势上破 2450 点或回调止跌都是入场时机。

（3）在牛市初期的选股上，尽量选择调整十分充分、有一定题材的破净股。这类股票安全系数高，具有一定的炒作空间，稍作反弹即可带来大量利润。从具体时点上，可在技术图形向上突破时介入。

➡ 思考题

（1）根据长线护短的原则，分析深圳成分股指。

（2）本章的分析你有何看法？

附录：股市术语

差价：股票在买进和卖出的两种价格之间所获得的利润或亏损，前者称差价利得，后者称差价损失。

开平盘：指今日的开盘价与前一营业日的收盘价相同。

趋势：指股价在一段期间内的变动方向。

整理：指股价经过一段急剧上涨或下跌后，开始小幅度波动，进入稳定变动阶段，这种现象称为整理，整理是下一次大变动的准备阶段。

盘坚：股价缓慢上涨。

盘软：股价缓慢下跌。

盘整：指股市上经常会出现股价徘徊缓滞的局面，在一定时期内既上不去，也下不来，上海投资者们称此为僵牢。

震盘：指股价一天之内呈现忽高忽低之大幅度变化。

跳空：指受强烈利多或利空消息刺激，股价开始大幅度跳动。跳空通常在股价大变动的开始或结束前出现。

回档：指股价上升过程中，因上涨太快而暂时回跌的现象。

反弹：指在下跌的行情中，股价有时由于下跌速度太快，受到买方支撑而暂时回升的现象。反弹幅度较下跌幅度小，反弹后恢复下跌趋势。

打底：股价由最低点回升，随后遭到空头压卖而再度跌落，但在最低点附近又获得多头支撑，如此来回多次后，便迅速脱离最低点而一路上涨。

做头：过程与"打底"一样，只是形状恰好相反，在高价位处有两个以上的峰顶并排，形成上涨压力。

打开：股价由涨跌停板滑落或翻升。

天价：个别股票由多头市场转为空头市场时的最高价。

突破：指股价经过一段盘档时间后，产生的一种价格波动。

探底：股价持续跌挫至某价位时便止跌回升，如此一次或数次。

头部：股价上涨至某价位时便遇阻力而下滑。

225

关卡：指股价上升至某一价位时，由于供求关系转变，导致股价停滞不前，此一敏感价位区即谓"关卡"。

挂进：买进股票的意思。

挂出：卖出股票的意思。

多头：对股票后市看好，先行买进股票，等股价涨至某个价位，卖出股票赚取差价的人。

空头：指股价已上涨到了最高点，很快便会下跌；或者当股票已开始下跌时，还会继续下跌，趁高价时卖出的投资者。

牛市：也称多头市场，就是市场中股票价格普遍上涨。

熊市：也称空头市场，市场中股票价格呈长期下降趋势的，空头市场中，股价的变动情况是大跌小涨。

牛皮市：走势波动小，陷入盘整，成交极低。

多翻空（翻空）：原本看好行情的多头，看法改变，不但卖出手中的股票，还借股票卖出。

空翻多：原本作空头者改变看法，不但把卖出的股票买回，还买进更多的股票。

买空：预计股价将上涨，因而买入股票，在实际交割前，再将买入的股票卖掉，实际交割时收取差价或补足差价的一种投机行为。

卖空：预计股价将下跌，因而卖出股票，在发生实际交割前，将卖出股票如数补进，交割时，只结清差价的投机行为。

利空：促使股价下跌，对空头有利的因素和消息。

利多：刺激股价上涨，对多头有利的因素和消息。

多杀多：是普遍认为当天股价将上涨，于是市场上抢多头帽子的特别多，然而股价却没有大幅度上涨，等交易快结束时，竞相卖出，造成收盘价大幅度下跌的情况。

轧空：是普遍认为当天股价将下跌，于是都抢空头帽子，然而股价并未大幅度下跌，无法低价买进，收盘前只好竞先补进，反而使收盘价大幅度升高的情况。

新多：指新进场的多头投资人。

长多：长线投资人，买进股票持有较长的时间。

短多：善作短线，通常三两天有赚就卖。

死多：指看好股市前景，买进股票后，如果股价下跌，宁愿放上几年，不赚钱绝不脱手。

套牢：指预期股价上涨，不料买进后，股价一路下跌；或者预期股价下跌，卖出股票后，股价却一路上涨，前者称多头套牢，后者称空头套牢。

抢短线：预期股价上涨，先低价买进后再在短期内以高价卖出；预期股价下跌，先高价卖出再伺机在短期内以低价回购。

拔档：持有股票的多头遇到股价下跌，并预期可能还要下跌，于是卖出股票，等待股价跌落一段差距以后，再补回，期望少赔一段差距。

抢搭车：指投资人于股价稍微上涨时立即买进的行为。

长空：指对股市远景看坏，借来股票卖出，待股票跌落一段相当长时间以后才买回。

短空：指对股市前途看跌，借来股票卖出，但于短时间内即买回。

补空：指空头买回以前借来卖出的股票。

空手：指手中无股票，既不是空头，也不是多头，观望股势，等待股价低时买进，高时借股放空的人。

抢帽子：指当天先低价买进股票，然后高价再卖出相同种类、相同数量的股票；或当天先卖出股票，然后以低价买进相同种类、相同数量的股票，以求赚取差价利益。

断头：指抢多头帽子，买进股票，股票当天未上涨，反而下跌，只好低价赔钱卖出。

吊空：指抢空头帽子，卖出股票，股价当天未下跌，反而上涨，只好高价赔钱买回。

实多：指在自有资金能力范围之内，买进股票，即使被套牢，也不必赶忙杀出的人。

实空：指以自己手中持有的股票放空，股价反弹时并不需要着急补回的人。

浮多：看好股市前景，认为将会上涨，想大捞一笔，而自己财力有限，于是向别人借来资金，买进股票，放款人若要收回，买股票的多头，急需卖出股票，归还借款，此时，即使股价上涨，亦不敢长期持有，一旦获得相当利润即卖出，一旦股价下跌，更心慌意乱，赶紧赔钱了结，以防套牢。

浮空：其情形与浮多相同，只是认为股价将下跌，借股放空，因所放空的股票，时有被收回的顾虑，所以称为"浮空"。

换手率：指成交股数与流通股数之比。换手率高，反映主力大量吸货，今后拉高可能性大。此外，将换手率与股价走势相结合，可以对未来的股价做出一定的预测和判断。某只股票的换手率突然上升，成交量放大，可能意味着有投资者在大量买进，股价可能会随之上扬。如果某只股票持续上涨了一段时期后，换手率又迅速上升，则可能意味着一些获利者要套现，股价可能会下跌。然而值得注意的是，换手率较高的股票，往往也是短线资金追逐的对象，投机性较强，股价起伏较大，风险也相对较大。

票面价值：指公司最初所定股票票面值。

成长股：指发行股票时规模并不大，但公司的业务蒸蒸日上，管理良好，利润丰厚，产品在市场上有竞争力的公司的股票。优秀的成长型企业一般具有如下特征：公司的利润应在每个经济周期的高涨期间都达到新的高峰，而且一次比一次高；产品研发与市场开发的能力强；行业内的竞争不激烈；拥有优秀的管理班子；公司的资金多用于建造厂房、添置设备、增加雇员、加强科研；经营利润主要投资于公司的未来发展，但往往派发很少的股息或根本不派息。成长股的投资者应将目光放得长远一些，尽可能长时间的持有，以期从股价的上升中获得丰厚的利润。

热门股：指交易量大、交易周转率高、股价涨跌幅度也较大的股票。热门股的形成往往有其特定的经济、政治、社会原因。例如，20世纪60年代，电子工业股的上升与当时美苏进行太空竞赛有关；20世纪70年代的石油股与中东战争、石油输出国组织大幅度提高油价有关。没有永远热门的行业或企业，不是所有快速成长的公司都能生存下来，许多红极一时的热门股后来都销声匿迹。一般来讲，对于最热门的行业的最热门股票应该敬而远之，如果你手头有这种炙手可热的股票应趁机卖掉。

绩优股：指那些业绩优良，但增长速度较慢的公司的股票。这类公司有实力抵抗经济衰退，但这类公司并不能给投资者带来振奋人心的利润。因为这类公司业务较为成熟，不需要花很多钱来扩展业务，所以投资这类公司的目的主要在于拿股息。此外，投资这类股票时，市盈率不要太高，同时要注意股价在历史上经济不景气时的波动记录。

防守性股：这些普通股股票同股价循环股正好相反，但它们在面临不确定性和商业衰退时收益和红利却要比股市所有股票的平均收益高，具有相对的稳定性。公用事业公司发行的普通股是防守性股的典型代表，因为即使在商业条件普遍恶化与经济萧条时期，人们对公用也还有稳定的需求。

表现股（概念股）：指能迎合某一时代潮流但未必能适应另一时代潮流的

公司所发行的、股价呈巨幅起伏的股票。

投机性股：指那些价格很不稳定或公司前景很不确定的普通股。这主要是那些雄心很大，开发性或冒险性的公司的股票，热门的新发行股以及一些面值较低的石油与矿业公司发行的普通股票。这些普通股的价格，有时会在几天或几周内上涨 2~3 倍，也可能在几天或几周内下跌 2~3 倍，故其收益与风险均超过一般的普通股。

黑马：指股价在一定时间内，上涨 1 倍或数倍的股票。

白马：指股价已形成慢慢涨的长升通道，还有一定的上涨空间。

含权：指股票有权未送配。

填权：除权后股价上升，将除权差价补回。

增资：上市公司为业务需要经常会办理增资（有偿配股）或资本公积新增资（无偿配股）。

大户：手中持有大股票或资本，做大额交易的客户，一般是资金雄厚的人，他们吞吐量大、能影响市场股价。

中户：指投资额较大的投资人。

散户：进行零星小额买卖的投资者，一般指小额投资者或个人投资者。

抬拉：指用非常方法将股价大幅度抬起。通常大户在抬拉之后便大量抛出以牟取暴利。

打压：用非常方法，将股价大幅度压低。通常大户在打压之后便大量买进以牟取暴利。

骗线：大户利用股民们迷信技术分析数据、图表的心理，故意抬拉、打压股指，致使技术图表形成一定线型，引诱股民大量买进或卖出，从而达到他们大发其财的目的。这种欺骗性造成的技术图表线型称为骗线。

做手：指以炒作股票为业的大、中户。

洗盘：做手为达炒作目的，必须于途中让低价买进、意志不坚的轿客下轿，以减轻上档压力，同时让持股者的平均价位升高，以利于施行养、套、杀的手段。

坐轿子：预测股价将涨，抢在众人前以低价先行买进，待众多散户跟进、股价节节升高后，卖出获利。

抬轿子：在别人早已买进后才醒悟，也跟着买进，结果是把股价抬高让他人获利，而自己买进的股价已非低价，无利可图。

下轿子：坐轿客逢高获利了结。

经纪人：执行客户命令，买卖证券、商品或其他财产，并为此收取佣金者。

委托书：股东委托他人（其他股东）代表自己在股东大会上行使投票权的书面证明。

线仙：指精于以路线图分析和研判大势的老手。